EMP 早期記憶回想法マニュアル

The Early Memories Procedure

アーノルド・R・ブルーン 著
Arnold R. Bruhn

治療的アセスメント・アジアパシフィックセンター──日本語版作成
中村紀子
西田泰子
野田昌道
三輪知子
スティーブン・E・フィン

金剛出版

Bruhn, A.R. (1990) Cognitive-Perceptual theory and the projective use of autobiographical memory. Journal of Personality Assessment, 55, 95-114.

Bruhn, A.R. (1992a) The Early Memories Procedure : A projective test of autobiographical memory (Part I). Journal of Personality Assessment, 58, 1-15.

Bruhn, A.R. (1992b) The Early Memories Procedure : A projective test of autobiographical memory (Part II). Journal of Personality Assessment, 58, 326-346.

Copyright © Arnold R. Bruhn

Printed permission of the publisher Taylor & Francis Ltd. through Japan UNI Agency, Inc., Tokyo.

序　文

　日本語版早期記憶回想法（The Early Memories Procedure：EMP）とその
マニュアルの発行が実現の運びとなり，チーム一同大変うれしく思っている。
2018年が日本におけるEMP元年となり，さまざまな分野の臨床家の皆様の
実務に役に立つものとして受け入れられ，息長く活用されることを心から望
んでいる。

I　イタリア−日本

　このEMPのマニュアルには手本があった。それは，イタリアのヨーロッパ
治療的アセスメントセンター（European Center for Therapeutic Assessment：
ECTA）のディレクターであるフランチェスカ・ファンティーニ（Francesca
Fantini）が2013年にイタリアで紹介したものである。その出版は，当地で予
想をはるかに超えて大成功を収めていた。日本語版の編纂にあたり，幸いに
も彼女の編集したマニュアルを踏襲して手本とすることができた。ファン
ティーニは，イタリアのミラノにあるカトリック大学で治療的アセスメント
を実践し教育している，第一線の教育者であり臨床家である。

II　米国−日本

　私たちがこのEMPを知るようになったのは，アメリカのオースティンにある治療的アセスメントセンターの創始者でありディレクターであるスティーブン・E・フィン（Stephan E. Finn）による「治療的アセスメント（Therapeutic Assessment : TA）」のワークショップや講義で，ケース理解にEMPが用いられていたことによる。TAがアメリカから日本に上陸すると同時に，EMPも日本にたどりついたと言える。TAは，アセスメントが主役となって，そのプロセスや結果からクライアントが自分を理解するのを手助けする，アセスメントとセラピーが融合した新しい心理療法の形である。最新のTAでは，「超ブリーフTA（Ultra-Brief TA）」の技法が展開され，3セッションほどで完結する形式が編み出されているが，そこでもこのEMPは貴重な役割を果たすことが多い。なぜならば，EMPは，さまざまなアセスメントの結果を「糊付け」し「裏付け」する役割を担い，個人を理解するベースをつくるからである。

III　米国−米国

　本マニュアルは，EMPの創始者として著名なアーノルド・R・ブルーン（Arnold R. Bruhn）（米国）による以下の3本の論文を基礎としている。

① Bruhn, A.R.（1990）Cognitive-perceptual theory and the projective use of autobiographical memory. Journal of Personality Assessment 55 ; 95-114.

② Bruhn, A.R.（1992a）The Early Memories Procedure : A projective test of autobiographical memory（Part I）. Journal of Personality Assessment 58 ; 1-15.

③ Bruhn, A.R.（1992b）The Early Memories Procedure : A projective test of autobiographical memory（Part II）. Journal of Personality

Assessment 58；326-346.

　本マニュアルはコンパクトに仕上がっており，全体は前述の3本の論文を再構成した3章から成り立っている。第1章は「早期記憶回想法（EMP）とは何か」，第2章でその「基礎となる理論」を解説し，第3章「記憶の分析と解釈」では実例を用いてEMPを詳説している。

　私は，2017年に米国サンフランシスコで開催されたSociety of Personality Assessment（SPA）のブルーンのワークショップに参加する機会を得た。ご高齢にお見受けしたが，「記憶については，誰よりも研究して知っている」と，40年以上にわたる記憶の研究，自伝的記憶の治療的意味について情熱を込めて講義されていた。何より印象的だったのは，EMPを使ってクライアントに「もっと教えて…（"Tell me more…"）」と頼みなさい，教えてもらいなさい，相手の記憶に興味をもって聞き込みなさい，その人にとって本当のところを語ってもらいなさい，と訴える姿勢だった。人には自分のことを聞いてもらう快感があると力説され，個人のみならず，グループ療法でのEMPの適用，特に受刑者におけるグループの実践結果を披露してくれた。自分のことを聞いてもらう経験が少ない非自発的な対象者に対してEMPを使って介入を続けた報告で，説得力があった。

　ブルーンのEMPは単に記憶を集め聞き取るだけでなく，実験リサーチ過程を経て，早期記憶からプレシー（precis／要約）という，記憶の基本構造や骨組みあるいは型を見つけ出すことを発見したところにユニークさと実用性があると言えよう。それは，ただ早期記憶を思い出す作業と同じではない。

　そして，フィンがいなければ，ブルーンの早期記憶はこれほど広く世界に展開しなかっただろう。良いものは良い，どこの国でも誰にでも通用するものは通用する。イタリア，日本に次いで，近い将来フランス語にもEMPは翻訳される予定と聞いている。もちろんすべてフィンの仕掛けである。

Ⅳ　日本－日本

　さて，出版に先駆けて私たち「治療的アセスメント・アジアパシフィックセンター」一同は，このEMPを臨床に適用し，TAで活用してみた。私たちが経験した範囲は限られているが，想像以上に役に立つ方法論であり，臨床の質を高める技法であるというのが感想である。マニュアルを一読いただくと，理論は硬く思えるかもしれないが，記憶回想が現在の問題解決に対してどのように意味があるかわかっていただけるだろう。ただ単に記憶を回想してもらうのではなく，その記憶がどれほど肯定的なのか，否定的なのか，その記憶の鮮明さを評価することで，現在の課題とその解決のカギが見えてくる。

　ブルーンがワークショップで，この現在の課題とその解決のカギを「グローブとボール」に例えていたのを思い出す。私たち臨床家は，EMPを通して「グローブとボール」を手に入れることができ，クライアントとキャッチボールができるようになる。そしてクライアントも自分の未解決の課題を解決することを，二人のキャッチボールを通して楽しみはじめる——ブルーンはそう語っていた。

Ⅴ　クライアント－セラピスト

　EMPは基本的に，セラピストや査定者が同席してクライアントに書いてもらう投映法である。クライアントの状態を鑑みて，安全で適切な方法を選ぶのが望ましく，場合によっては持ち帰って記入してもらうが，確実に本人ができるという見通しが必要である。

　「自発的な6つの早期記憶とそのレイティングで少なくとも90分から120分かかる作業に，クライアントは取り組んでくれるだろうか？　いや無理だ」と思っておられる皆様にお伝えしておきたい2つのケースの例がある。どちらも，抑うつを症状を基底にもつ中年以降の年齢のクライアントだった。驚いたことに一人の男性は，このEMPで規定された6つの記憶や追加の記憶だけでは足りず，自ら紙をコピーして，ほかに8つもの記憶を残してくれた。も

う一人の女性は，表と裏を使って湧き起こる記憶を書き記してくれた。そして，あの記憶を書くのは「楽しかった」「実りが多かった」という感想を残してくれた。TAは，できるだけその個人を正確に，きちんと理解しようとアセスメントを展開するが，EMPはその際に私たちが理解する方向を間違わないように導いてくれる役割も果たしてくれる。そして，ブルーンが言うように，ぜひクライアントと一緒に書かれた記憶について話してみてほしい。

　EMPは何歳から使えるのかについてもお伝えしておきたいと思う。EMPは成人を対象に開発されたものではあるが，5〜6歳以降の子どもにも口述筆記の方法で適用することができる。そのプロトコルを基にして，両親や養育者と協働的に話し合いながら解釈を進めると，子どもの目線に立った深い理解を得ることができる。この口述筆記のやり方は，子どもに限らずさまざまな臨床場面で活用される可能性を含んでいる。

　このEMPで想起された生き生きとした記憶がTAの要になることも多くある。逆の場合もある。ほとんど記憶が不鮮明で，書き下すほどの記憶もないという場合である。だが，それもそのケースの課題をよく表しているだろう。

VI　ACTA −読者の皆様

　マニュアルも助けになるが，実際にEMPを使ってみようと思われる専門家の皆様には，EMPのワークショップに出てみていただけるとさらに理想的であろう。

　このEMPの翻訳には，ACTAの西田泰子，三輪知子，野田昌道，中村紀子が当たったが，2014年のACTA設立以来のメンバー全員が何らかの形でEMPを日本に紹介するべく尽力してきた，その賜物でもある。もちろん，その私たちを終始支え導いてきてくれたスティーブン・E・フィンなしには実現しなかったプロジェクトである。

　最後に，金剛出版の藤井裕二氏には大変お世話になった。この場を借りて感謝申し上げたい。

最新のTAやEMPのワークショップなどについては下記のホームページをご覧いただければ幸いである。

治療的アセスメント・アジアパシフィックセンター
Asian-Pacific Center for Therapeutic Assessment：ACTA
www.asiancta.com

訳者を代表して
中村紀子

2018年1月2日

文献

Finn, S.E.（2007）In Our Client's Shoes：Theory and Techniques of Therapeutic Assessment. New York：Routledge.（野田昌道・中村紀子＝訳（2014）治療的アセスメントの理論と実践──クライアントの靴を履いて．金剛出版）

目次

[EMP早期記憶回想法
マニュアル]

序文（中村紀子）…… 3
EMP早期記憶回想法の概要 …… 12

第1章 早期記憶回想法（EMP）とは何か …… 13

1-1 自伝的記憶をアセスメントする …… 15

1-2 長期自伝的記憶に関するよくある誤解 …… 16

1-3 EMP——内容と情報の選択 …… 20

1-4 信頼性 …… 25

1-5 EMPを用いる …… 26

第2章 基礎となる理論 …… 31

2-1 投映法としての早期記憶 …… 33

2-2 認知・知覚理論と自伝的記憶の投映法的活用 …… 34

2-3 自伝的記憶とその構造 …… 37

2-4 認知・知覚理論からわかること …… 44

2-5 認知・知覚モデルの概要 …… 45

2-6 主要な未解決の問題を定義する …… 46

2-7 鍵となる命題 …… 49

第3章 記憶の分析と解釈 …… 61

3-1 プレシーを用いる …… 63

3-2 早期記憶のなかの主要な未解決の問題を同定する …… 68

3-3 認知・知覚法を用いたEMPプロトコルの解釈——事例 …… 71

3-4 おわりに …… 99

文　献 …… 100
著者略歴・日本語版作成者略歴 …… 102

EMP早期記憶回想法の概要

実施目的

　クライアントの欲求，関心や願望，怖れ，価値観，未解決の課題を把握し，クライアントの理解や問題解決に生かす。

適用年齢

　おおむね5歳以降。

内容

　クライアントに自伝的記憶を想起してもらい，「記入用紙」に記入してもらう。「パートI」では自伝的記憶を，「パートII」では特定のことがらに関する記憶を想起してもらう。

所要時間

　個人差があるが，記入にはおおむね3〜4時間を要する。「パートI」のみ実施する場合の目安は1〜2時間である。

実施方法

　クライアントに「記入用紙」を渡し，「記入用紙」に記載されている教示に従って1ページごと順番に記入してもらう。「パートI」と「パートII」の両方を実施する方法のほか，「パートI」だけ実施することも可能である。また，「パートI」に加え，その個人を理解するのに役立つ課題を「パートII」から選んで実施することもある。

　基本的には，「記入用紙」への記入中は検査者が同席する。持ち帰って記入してもらう場合は，次の点を丁寧に教示する。誰かに邪魔されない環境で，一人で記入する。アルバムや資料などを見返したりしない。できるだけその日のうちに書ききれるよう，時間を確保して取り組む（家族や他の人との話し合いなどを経て記入すると，他の人の情報や写真などの手がかりに影響を受けた内容となる可能性があり，適切な解釈が困難になる）。

　年少児や高齢者の場合，そのほかさまざまな理由から自分で記入することが困難な場合には，検査者が口述筆記することも可能である。

第1章

早期記憶回想法
（EMP）
とは何か

1-1　自伝的記憶をアセスメントする

　自伝的記憶を査定するために最もよく使われる方法は，クライアントの意見を求める質問（たとえば，「あなたのお父さんはどのような方でしたか？」など）だろう。この技法は，クライアントが意識できていることしか査定しないという点で批判を受けやすい。しかし，問題はもうひとつある。それは，そのような質問からは価値のない情報がもたらされやすいということである。クライアントがまだ洞察を得ていなければ，このような質問をしても臨床の時間が大幅に無駄になってしまう。2つ目の方法は，「あなたの家ではどのような罰がありましたか？」というような，結論を尋ねる質問である。そのような質問が暗黙のうちに求めているのは，自伝的記憶のうち自分や他の兄弟姉妹への罰に関連したものすべてをスキャンし，それらの記憶全体に適した要約を答えることである。しかし，回答を出すまでに本当にクライアントはこのようなプロセスを踏むのだろうか？　まれな例外を除けば，答えは否である。それではどうしているのか？　このタイプの質問をされたらどう対処しているのかと多くの人に尋ねると，ほとんどの人は，心のなかに1つのあるいは一連のイメージがぱっと浮かぶと答えた。これらのイメージは実際にあった1回きりのある出来事に基づいていることもあれば，両親から罰を受けたときのいくつかの場面の印象が混ざり合ったものと関連していることもある。どのような罰が多かったのかに興味があれば，「あなたの家ではどのような罰がありましたか？」と聞くのはたしかに適切だろう。しかし，その人が罰に関連した未解決の問題をもっているかどうかを知りたいのだとしたら，これは最善の質問とは言えない。自伝的記憶について適切にアセスメントしようとするのなら，次のように尋ねるだろう。「最も古い罰の記憶は何ですか？」「最も鮮明もしくは最も重要な罰の記憶は何ですか？」「最も

辛かった罰の記憶は何ですか？」。

　EMPは，早期記憶を分析するという手段を用いてクライアントの未解決の心理的問題に光を当てる，自伝的記憶の投映法テストととらえることもできる。

1-2　長期自伝的記憶に関するよくある誤解

　1つ目の誤解は，すべての早期記憶には直接的または間接的な形でトラウマが含まれている，という考えである。この間違いは古典的な精神分析の遺産である。中心的命題は，幼少期には感情的に大きな衝撃を与える出来事が時折起こり，それは防衛を凌駕し，使い物にならなくしてしまい，深刻で回復できないほどの感情的なダメージをもたらす，というものである。フロイト（Freud, 1889/1950）によれば，そのような記憶は損なわれることなく長期記憶のなかに残っているが，より一般的には，当たり障りのない，取り立てて価値がありそうには思えない隠蔽記憶によって意識から遠ざけられており，もともとのトラウマは自由連想法により見つけることができる，とされていた。このフロイトの説の誤りは，早期記憶を自分が記録した通りのものだとみなし，そこから得られた結果を早期記憶全体に一般化させてしまったことにある。そうすると，いくつかの早期記憶に外傷的な出来事（真実の叙述）が含まれていたら，すべての記憶は外傷的な出来事，または外傷的な出来事を隠蔽する機能をもつ出来事（偽りの叙述）に関係していることになってしまう。ブルーンは数千人の早期記憶を調べ，さらにアセスメントやセラピーのために1,000以上の早期記憶を検討した。推測になるが，さまざまな人から得られた自発的な早期記憶のおそらく95%は特段外傷的なものではなかった。むしろ，それらの記憶には，人生における主要な関心，鍵となる知覚，重要な期待のほか，現在の信条体系や世界観などの特徴が反映されていた。たしかにフロイトは後にトラウマと

その病理上の影響に関する考えを撤回しているが，多くの精神力動的なオリエンテーションをもつ臨床家は今でもフロイトの初期の考えを受け継いでいる。

隠蔽記憶に関するフロイトの見解の通りであることもある。それは，人生早期に起きた恐ろしい出来事に苦しんでいる人の場合である。彼らの多くはそこから回復できずにいる。おそらく最もよく当てはまるのは，深刻な障害を抱えることになった人のケースだろう。フロイトが臨床のなかで会うことが多かったのは，この種の人たちである。しかし，深刻な病理を抱えていないほとんどの人は，基本的な特性に縛られているわけではなく，変えようと思えば，その特性を変えることができる。

認知・知覚理論では，早期記憶をトラウマの反映とはみなしていない。自己の内にある創造的なプロセスの結果の反映だと考えている。このプロセスは，個人の成長にはどのような取り組みが今最も必要なのかを知らせてくれるものである。早期記憶の生成は，「核」と呼べるものから始められる。核のひとつの例として，持続的な脆弱性の感覚とそれに伴う安全を求める欲求を挙げることができる。記憶の核には，ブルーンが「片づけなければならない問題」（Bruhn, 1990b ; Bruhn & Bellow, 1984）と呼んだもの，すなわち未解決の問題が示されている。片づけなければならない問題が最優先事項として確立されると，長期記憶のなかからその問題を最もよく表す出来事が引き出される。たとえば，ある少年は，小枝に躓いて膝をすりむき，家にいる母親のもとに泣きながら走って帰った出来事を思い出した。このような記憶は，自分は不十分であり，世界は危険であるという知覚，そしてその結果としての安全や援助に対する欲求を，メタファーの形で表している。そのような記憶は，未解決の課題が残っている限り，ハイライトされた早期記憶として維持される。ヒエログリフが絵文字だとしたら，早期記憶は知覚文字だと言える。つまり，早期記憶は，実際の生活史上の出来事を表しているかのよ

うに見せながら，抽象的な知覚を象徴的に表現する手段である。知覚文字は，適切な技法を用いれば解読し，言語に翻訳できる視覚的象徴や比喩と考えることができる。

　自伝的記憶の機能に関するもうひとつの誤りは，早期記憶は過去の事実に基づいたデータから成り立っており，したがってその大部分は正しく，事実としても正確であるという理解の仕方である。このような間違いによって，患者の治療においてのみならず，自分自身を理解するうえでも，多くの問題が生じる。アドラー（Adler, 1925）は，自分の過去に関する完全なる虚構としての早期記憶の例を示しているが，これは大変示唆に富むものである。

　　公立小学校に入って少し経った頃のことですが，学校へ行く途中に共同墓地のなかを通る小道があったのを覚えています。私はそこを通るたびにいつも怖いと思っていて，一歩ごとに恐怖ですくんでいました。それなのに，ほかの子どもたちは平気で墓地を横切っていきました。それを見て，私はすごく困惑してしまいました。恐怖を感じることだけでも落ち着きが悪かったのですが，自分がほかの子より勇敢ではないのだと思うと嫌な気持ちになったのです。ある日，私はこの死の恐怖に終止符を打とうと決心しました。私はほかの子から少し離れてから，墓地の壁の近くの地面に自分のカバンを置き，自分が恐怖を克服できたと感じるまで，何回も墓地を行ったり来たりして走り回りました。

　大変驚いたことに，アドラーが30代半ばになって同級生と思い出話をしていたとき，その墓地が実際には存在しなかったことがわかったのです。アドラーは，この早期記憶には「死の恐怖を乗り越えたいという願望」や自分の職業選択が反映されていると述べている。
　自伝的記憶の整理が，ロボットのようになされているのだとした

ら，事実には寸分の誤りもなく，歪みも最小限となるだろう。同様に，大量生産されたロボットなら，同じような体験をすべて「同じように見る」だろう。しかし，人間は同じようにはつくられていない。異なる文化，異なる家庭で育ち，違った人生経験をしている。そのため，それぞれが異なった価値観や態度を身につけ，結局は世界の知覚の仕方も異なっている。その結果，当然ながら，同じ出来事であっても，それに対する見方は人によって違ってくる。記憶が再構築のプロセスの影響を受けた場合，この知覚の違いはさらに複雑になる。すなわち，信念体系と食い違うデータはやがて「忘れられて」しまうため，もともとあった違いはどのようなものであれ，縮小ではなく，拡大されていきやすいのである。

　さらに，問題が解決されたときには，長期記憶のなかの自伝的記憶は順番が入れ替えられ，改訂される。この仮説はさまざまな研究結果から裏づけられている。たとえば，バッハ（Bach, 1952）はセラピー中の患者が述べた全ての記憶を記録したが，治療の終結時点では，解決された問題についての記憶は患者から忘れられ，その存在が否定されることが多かった。質問票を用いた研究もある。それらは，早期記憶の内容は研究参加者の年齢の関数とみなされている（Potwin, 1901など）。また，それらの研究のすべてで，早期記憶の内容は年齢に応じて変化しやすいと結論づけられている。このデータからは，人には発達的に適切とみなせる関心があり，それは早期記憶の選択に反映される，ということが推測できる。エクスタイン（Eckstein, 1976）の縦断的研究では，ある女性の心理療法前後での早期記憶を比較し，後に構成された早期記憶には心理療法の結果として生じた知覚の変化が反映されていることがわかった。いずれにしても，自伝的記憶のうちの何が保存され，何が忘れられていくのかを理解するうえで役に立つのは，記憶の法則ではなく，パーソナリティと発達に関する変数だと言える。

自伝的記憶は次の3つのタイプに分けることができる。（1）もとの知覚と構成（もともとの経験）が維持されているもの，（2）もとの知覚は維持されているが，構成は変更されているもの（たとえば，心理療法の結果として），（3）もとの知覚や構成が大幅に変更されたもの。タイプ3の記憶は，タイプ1およびタイプ2の記憶と簡単に区別できる。たとえば，もしも記憶のなかにクライアント自身も登場しているのなら，その記憶はタイプ3である。というのは，もともとの知覚（タイプ1とタイプ2）に基づけば，記憶中の場面に自分自身を見ることはできないからである。タイプ1とタイプ2の記憶は，記憶の中の構成が現在の信念に一致したものかどうか，あるいはその出来事が起こったときの年齢相応の古い理解の仕方を反映したものかどうかによって区別できる。EMP（Bruhn, 1989a）のなかに出てくる記憶のほとんどはタイプ2か3で，とりわけタイプ3の場合が多い。タイプ1の早期記憶は大変珍しく，EMPを実施した場合の臨床群における出現率はおそらく1%以下だろう。これら3つのタイプの記憶は同じような方法で解釈されるため，EMPではこれらの記憶すべてを査定することができる。それでも，現在の関心事に一致するように独創的に歪められやすいのはどの記憶なのかを頭に入れておくと，役に立つ。

1-3　EMP——内容と情報の選択

　表1の通り，EMPは2つの大きなパートから成り立っている。パートⅠでは6個の自発的な早期記憶を書くように求められ，パートⅡでは方向づけられたさまざまな種類の15個の記憶を書く。追加の記憶のページを入れなければ，合計で21個の記憶が得られることになる。EMPに含まれるその他の構成要素は次の通りである。

表1 EMPの内容

頁	内　　容	教示の目的
1	パートⅠの手順について	
2	子ども時代の最も早期の記憶	最も早期の記憶を決定
3	次の子ども時代の記憶	自発的な早期記憶を収集
4	次の子ども時代の記憶	自発的な早期記憶を収集
5	次の子ども時代の記憶	自発的な早期記憶を収集
6	次の子ども時代の記憶	自発的な早期記憶を収集
7	生まれてから現在に至るまでの間の特に鮮明な，または重要な記憶	未解決の問題を査定／これまでの人生を通して（意図的に「重要な」という曖昧な言い方にしてある）
8	追加の自伝的記憶——**これまでの人生を通して**	課題への動機づけについて特に査定
9～11	最初の6つの記憶に関する，鮮明さと心地良さについての評定尺度	心地良さの尺度は現在の気分と互いに関係がある，すなわち，早期記憶の強く不快な感情は，現在の感情的な乱れと相互に関連している／特に鮮明な記憶は，より多くの心的エネルギーを引き出すことから，特に重要であることが示唆される
12	早期記憶から最も重要な記憶3つを選び順位づけする／なぜ重要なのか，なぜその3つを思い出したかを記述する	洞察力，内省力，自己の内面で生じていることを理解する力を査定
13	パートⅡの手順について	
14	学校（幼稚園・保育園を含む）の最初の記憶	達成，熟達，自立に対する態度を査定
15	罰の最初の記憶	権威ある人々や公平さに対する態度を査定
16	きょうだいの最初の記憶	きょうだいとの関係，きょうだい間の競争意識を査定
17	家族の最初の記憶	三者間または集団場面における機能を査定

表1　EMPの内容（つづき）

頁	内　容	教示の目的
18	最も鮮明な母親の記憶，これまでの人生を通して	母親との関係，女性に対する態度を査定
19	最も鮮明な父親の記憶，これまでの人生を通して	父親との関係，男性に対する態度を査定
20	素晴らしいと思う人の記憶，これまでの人生を通して	個人的な価値観を査定し，潜在的な役割モデルの基盤について探索
21	一番幸せな記憶，これまでの人生を通して	最も強い欲求を満たすための最良の方法を探索
22	最もトラウマ的な記憶，これまでの人生を通して	心的傷つきを引き出す
23	両親のけんかの記憶，これまでの人生を通して	葛藤がどのように処理されやすいのかを探索
24	親の飲酒やドラッグの記憶，これまでの人生を通して	物質乱用のある親や，それに関連する問題に対処しなければならなかったかどうかを探索
25	最も自分を恥じた出来事の記憶，これまでの人生を通して	罪悪感に関わる問題について探索
26	身体的にあるいは情緒的に虐待された記憶，子ども時代	虐待を受けた経験があるか，ある場合にはどのような形であったかを探索
27	不適切な性的体験の記憶，子ども時代または思春期	性的トラウマの経験があるかを探索
28	空想の記憶	最も強い欲求と，その理想的な満たし方を査定／「現実的な満足」と「理想的な満足」の理解のために，一番幸せな記憶での記述と比較
29	自分で選んだ記憶の解釈	自己の内面で生じていることを理解する力や内省力を査定し，人生における因果関係をどのように理解しているのかを把握する
30～32	質問票：基本情報，EMPに取り組んだ感想，完遂に要した時間，自分の早期記憶に関する考え，早期記憶の長期的信頼性に関する推測	受検者，EMP，早期記憶に関する基本的な調査データを収集

（a）パートⅠの6個の記憶について，その鮮明さの程度と主たる感情を評定するための尺度
（b）自分にとっての重要さの順番づけの教示
（c）重要である理由を尋ねる質問
（d）特定の早期記憶について，それを思い出した理由を尋ねる質問
（e）どれか1つの記憶を選んで自分なりに解釈してもらうための教示
（f）年齢，性別，職業，家族構成などの基本的な人口統計学データと，EMPを行ってどのように感じ，考え，理解したのかを問う質問

　自発的な記憶と方向づけされた記憶の性質，ならびにそれらの相違に関する詳細な検討は別に譲ることとし（Bruhn, 1984 ; Bruhn & Schiffman, 1982），ここでは，自発的な早期記憶は純粋な投映課題の性質をもっているということを指摘しておけば十分だろう。EMPで最初に求められる5個の早期記憶は，自発的な記憶である。1つ目の早期記憶は最も早期のもので，次の4個はそこから連想されて心に浮かんできたものである。方向づけされた記憶にはいろいろなものがある。すなわち，最も早期の記憶を求めるタイプ（学校での記憶，罰を受けたことの記憶，兄弟姉妹の記憶），最も鮮明に覚えている記憶を求めるタイプ（母親の記憶，父親の記憶），最も強い感情を伴う記憶を求めるタイプ（身体的にあるいは情緒的に虐待された記憶）などである。これら3種類（最早期，最鮮明，最強）を選んだのは，同僚やクライアントに対してさまざまな方法を試した結果である。どのような種類であれ，最も良い結果をもたらしてくれそうなものが採用された。
　方向づけをした早期記憶を自伝的記憶の投映法に用いるべきかどうかという点には，議論の余地がある。自発的な早期記憶のみを使

用すべきだとする意見のなかで最も説得力があるのは，探針として
の質問の影響をわざわざ除外しなくてもすむから，というものであ
る。たとえば，ブルーンとシフマン（Bruhn & Schiffman, 1982）が
指摘したように，好きなデザートは何かと聞いて答えが得られれば，
その人の好きなデザートがわかる。しかし，アイスクリームの好み
の種類を調べたのでは，その人の一番好きなデザートがアイスクリー
ムなのかどうかはわからない。あるいは，その人がアイスクリーム
を好きなのかどうかさえわからない。つまり，方向づけをして得ら
れた記憶のなかには，重要そうに見えて，実はクライアントにとっ
てはどちらかというと些末なものも入っている可能性がある。たと
えば，クライアントは罰に関してさほど興味をもっていなかったと
しても，求められれば，すぐに罰にまつわる記憶を話してくれるか
もしれない。一方，自発的な早期記憶が重要であることは論を俟た
ない。なぜならば，自発的な早期記憶に何の意味も価値もないとい
う反論をしようものなら，論理的には，長期記憶には有用性と適応
的な価値があるという，すでに確立されている説に対しても疑問を
投じざるをえなくなるからである。では，自発的な早期記憶がそれ
ほど重要なのであれば，なぜ方向づけした早期記憶を使うのだろう
か。この質問は実にいいところを衝いている。臨床の仕事を始めた
頃には，ブルーンは方向づけた早期記憶を求めていなかったが，そ
の後，多くのクライアントが，治療開始後数カ月，あるいは数年経っ
てから，それまで自発的な早期記憶のなかには決して表れてこなかっ
た記憶，すなわち外傷的な記憶，ひどく罰せられた記憶，不適切な
性的経験の記憶，身体的あるいは情緒的虐待に関する記憶を思い出
すことに気づいた。もしもそのような記憶を挙げてほしいとはっき
りと要求したら，どうなるだろうか。実施してみると，驚いたこと
に，外傷的で感情の負荷がかかったたくさんの記憶が得られた。そ
れらは，他の聞き方をしていては自発的な早期記憶として報告され
ることがなかったものである。中流から中流の上の階級の外来患者

の30%近くが，そのような記憶を報告した。この群にしては，この数値は意外なほど高かった。これらの記憶について以前に誰かと話し合ったことがあるかどうか尋ねたところ，大多数のクライアントは，話し合ったことはないと答えた。方向づけをした記憶を含めるかどうかという問題は，このような非公式の臨床実験によって解決された。

1-4　信頼性

　EMPの信頼性に関する独立した研究はないが，早期記憶の信頼性についてはいくつかの文脈で研究され，容認できるという結果が得られている。EMPの信頼性に関するデータが早期記憶の研究で得られたデータとかけ離れていると考えるだけの理由はない。最も関連性の高い研究結果をブルーンによるレビュー（Bruhn, 1984）から抜き出し，要約しておく。

　おそらく早期記憶に最も関連する研究は，ペイジ（Paige, 1974）によるものだろう。ペイジは最近の記憶（この研究では夏休みの記憶）と早期記憶の主題を比較し，信頼性について調べた。再テストまでの間隔は2〜4週間だった。研究に参加した109人の学部生の早期記憶の主題は安定していることがわかった。早期記憶の再テスト信頼性は最近の記憶のものよりも高く，早期記憶のテストと再テストのペアの80%は一致していた。ウィンスロップ（Winthrop, 1958）は非臨床群の成人サンプル69人につき，早期記憶の長期間（8週間）の経時安定性を調べた。早期記憶をペアにして比較したところ，68%は正確に一致しており，「完全に違っている」（p.320）のは3ケースだけだった。先行研究では，早期記憶の内容を変えようとするどのような実験的操作も経時安定性に影響を与えないとみなされていた。ヘドビッヒ（Hedvig, 1963）は早期記憶の安定性について，実験的操作を施して調べた。実験では，友好的，中立的，敵対的な面接者

との組み合わせによって，30人の研究協力者に，成功体験，成功でも失敗でもない体験，失敗体験のいずれかをさせた。早期記憶の安定性は，同時に集められた絵画統覚検査（TAT）の物語の安定性と比較された。TATの物語は実験状況の影響を受けて変化したが，早期記憶は実験状況からは顕著な影響を受けず，早期記憶の素材の強い安定性が示された。先行研究の結果は次のような結論を示唆している。(a) 早期記憶は数週間から数カ月にわたってかなり安定している。(b) 早期記憶は最近の記憶よりも安定している。(c) 早期記憶はTATのような他の投映法から得られたデータよりも安定しており，実験状況の影響を受けにくい。

　EMPは主として早期記憶から構成されているため，早期記憶の信頼性をEMPにも適用できると考えてよいだろう。ペイジ（Paige, 1974）の研究結果は，最近の記憶も安定していることを示唆しているが，早期記憶よりは安定性は幾分低い [▶1]。

1-5　EMPを用いる

　多くの研究者が，クライアントは検査者に早期記憶を話すことに楽しさを感じるものだと記している。一般的に，早期記憶を語る過程は，ロールシャッハ・テストのような他の投映法で反応を出す過程よりもクライアントにとっては楽しく，脅威を感じることは少ないと言われている。これはブルーンの経験とも一致している。早期記憶を面接者に明かす過程で，少なくとも中程度の動揺を示す人は，全体では5%未満，精神疾患による外来患者の群では10%未満というのが，最も妥当な数値とされている。

―――――――

[▶1] 最もよく使われる早期記憶の操作的定義は，8歳の誕生日よりも前に起きた，1つの，1度きりの出来事に対する記憶，というものである。しかし，この定義を採用する前に，ほかにも検討すべき事項がいくつかある。これについては，ブルーン（Bruhn, 1984）の考察を参照されたい。

しかし，EMP の施行には，自発的な早期記憶を手短に口頭で伝えるのとは異なる過程が存在する。明らかに違っている点をいくつか挙げてみる。まず，口頭で早期記憶を集めるために要する時間は 20 〜 30 分であるのに対し，EMP の場合はおおむね 3 〜 4 時間である。そして，EMP ではテーマを方向づけした 15 個の早期記憶を求めるが，これらのテーマは通常の面接では尋ねられないことが多く，なかにはトラウマや不適切な性的経験などのように痛みを伴うものも含まれている。さらには，EMP では早期記憶のうちの少なくとも 1 個をクライアント自身に解釈してもらい，その記憶を想起した理由についての検討を求める。こうしたことは，通常の面接の進め方では行われない。

　理由はさまざまだが，多くの人が EMP を完遂させるのは困難だったと報告している。ブルーンの経験では，外来患者の約 40% は EMP を終えるのに少なくとも 3 週間を要した。EMP に抵抗感をもち，取りかかるまでに数カ月以上の面接が必要とされたクライアントの数は，過半数をやや上回っていた。たとえば，何人かの優れたセラピストの治療を 10 年以上受けてきた，聡明でよく話す女性のケースだが，彼女は EMP を最後まで終わらせることができなかった。EMP の課題に対してどのように感じたのかを話し合っていくうちに，完遂できなかった理由が次第に明らかになってきた。それは，EMP を行っていると，これまで誰にも話すことのなかった，たくさんの辛い記憶が思い起こされてきたからだった。それらの記憶は 10 年を超えるセラピーの後でさえ，語られていなかったのである。約 10% のクライアントは，面接のなかで話し合っていた記憶であっても，それらを書き記すことは拒んだ。多くの場合，それは書いたものがどう扱われることになるのか心配だったためである。クライアントのうちおよそ 2% は，EMP を一人でやるとネガティブな感情に押しつぶされてしまうのではないかと心配していた。

　EMP で得られた早期記憶と面接で得られた早期記憶との違いには，

第 1 章　早期記憶回想法（EMP）とは何か　**27**

もう少し気づかれにくいものもある。それはどんなことだろうか。面接で早期記憶を得る過程は，心理的にはより表面的な性質を有している。口頭で得られる自発的な早期記憶は5個以下であることがほとんどだが，少数の早期記憶しか求められなければ，クライアントは重要な素材を簡単に回避することができる。しかし，鍵となりそうなのは，EMPと早期記憶を得るための面接の間にある2つの違いである。1つ目は，EMPは一人で行うという点である。口頭で早期記憶を得る場合に比べ，EMPのほうが内省かつ熟考を要する作業になる。その分，クライアントは自分一人で，自分のペースで行える。ある意味で，そこでは自己開示は問題にならない。EMPの最中，クライアントは基本的には自身に語りかけることになるからである。2つ目はより重要な点であるが，EMPでは外傷的な記憶について直截に尋ねる。クライアントがそのような内容を厭わずに明かすことは多い。しかし，そのためには，クライアントにそうするようにはっきり求める必要がある。もし尋ねられなければ，自ら進んで外傷的記憶を開示しようとはしないだろう。ブルーンの経験では，以前のセラピストには外傷体験についてまったく話していなかったクライアントに，どうしてEMPではそれを明かすことができたのかと尋ねてみたところ，ほとんどのクライアントは，誰も質問しなかったし，あまりにも不快なので自分からはその話題を切り出しにくかった，と説明してくれた。また，中流階級の外来患者の約30%は，それ以前には明かされていなかった外傷的記憶をEMPでは記していた。「知りたければ尋ねなさい」。これが教訓のように思われる。

　ほかにも，EMPを早期記憶面接とは質的に異なるものにしている特徴がある。記憶を紙に書き留めることで，出来事がより現実感を伴って感じられると説明してくれたクラインアントもいる。起こったことに焦点が合っていき，そうするうちにその記憶のなかの感覚が強まっていくのだという。多くのクライアントは，面接のなかで記憶を話しているときは，記憶に伴う感覚やこれから話そうとして

いる出来事のもつ深い意味から注意が逸れていく，と述べている。つまり，セラピストがどのように反応するのかが気になったり，面接中に取り乱してしまうのではないかと心配になったりするのだという。一人で行い，セラピストとの関係に気を逸らされることがなければ，記憶中の出来事に入り込み，自分にとってのその出来事の意味についてひたすら集中して考えることができる。フロイト初期の弟子の一人であるヘレーネ・ドイチュ（Deutsch, 1973）は，自伝をまとめる過程で，記憶を綴ることの力を発見した。

　　自伝の執筆は，自由連想法よりもしっかりとした自己コントロールのもとで行われる作業である。それなのに，自伝を書いていると，意識の届かぬところに長いこと埋もれていた記憶，そう，精神分析によってさえ思い出せなかった記憶が，強い抵抗もなく簡単によみがえってきた。そのことに驚かされた。
　　おかしな話だが，時として，精神分析よりもそのような回想からのほうが，自分自身について多く学ぶことができた。

（p.15）

　EMPをすべてやり切ることは，多くの点で，人生のなかで最も重要な経験についての自伝を書くことに似ている。EMPを最後まで終えるためには，多くのクライアントはこれらの出来事に対する気持ちを初めて整理し，受け入れなければならない。早期記憶をセラピストに話すことは，「物語を聞かせる」ことに似ている。ほとんどの人にとって，物語を語ることは楽しく，それが自分自身のことについてとなればなおさらである。しかし，同じ「物語」であっても，それが紙に書かれたものになると，忘れてしまったあるいは見落としていた物語の断片，面接中に話した記憶の背景に退いていた感情などに触れることになるため，クライアントには違ったものに感じられる。また，全体は部分の総和以上になるという点で，ゲシュタ

ルト現象も働いていると思われる。21個かそれ以上の数の記憶という，人生のなかのハイライトされた重要な部分に向き合っていると，そこにパターンが見つかってくる。クライアントは，この体験をどのように変えるといいだろうかと尋ねられる。そして，最も重要な早期記憶を特定し，なぜそれが重要なのかを説明するように求められる。さらには，自分で選んだ記憶を自分なりに解釈するよう要請される。このような課題により，これまでほとんど探索されてこなかった素材にクライアントがアクセスしやすくなる。多くのクライアントにとって，EMPを行うことは洞察志向的心理療法に求められる動機づけにつながる。EMPに取り組むと，初めて心理療法に臨むクライアントにとっては体験的な学びとなり，扱うべき問題の概要がわかってくる。そのため，洞察志向的心理療法がどのようなものなのか理解しやすくなるのである。

　要するに，EMPが拠って立つ前提は，適切な質問をされ，内的な処理がどのようになされているのかを自分で探る機会を与えられれば，人は自分の問題の性質について理解することができる，というものである。ロジャーズ派の心理療法にも似たような仮説があるが，大きく異なっているのは，EMPではクライアントが自分の記憶に取り組みながら自分に向かい合う構造になっている点である。

第2章
基礎となる理論

2-1　投映法としての早期記憶

　自伝的記憶における出来事の想起にパーソナリティの構造が反映されているとしたら，早期記憶を投映法という概念で括るのは正当なことであろう。投映法の本質について考えてみよう。ラビン（Corsini（1984）から引用）は，投映法はさまざまに定義されてきたが，それらの共通点は次のような命題にまとめられると述べている。

（1）比較的曖昧な刺激を受検者に提示する。
（2）正しい反応や間違った反応はないという意味で「反応に制約はなく」，受検者はふさわしいと思った反応を何でも自由に呈示することができる。
（3）反応は中心的なパーソナリティ傾向と感情状態の反映としてとらえられる。
（4）得られた記録にも，多かれ少なかれ，認知過程とパーソナリティスタイルが反映されているとみなされる。

　調べれば，EMPがラビンの4つの命題を満たしていることはすぐにわかる。論議が必要な命題は1つだけである。それは最初の命題である。曖昧な絵カードやインクブロット（視覚刺激）をよく使っている人からは，どうしてEMPが曖昧だと言えるのかという疑問が出されるが，曖昧なのは，「あなたの最も早期の記憶を思い出してください」という受検者への教示である。この教示は回答に際してかなりの自由裁量を与えるものであり，ラビンの定義における曖昧さの要件を満たしている。
　他の投映法と違い，EMPでは，受検者の反応を理解するうえで手続きそのものの性質はほとんど考慮しなくてすむ。たとえば，多くの投映法では，技法の各部分の刺激誘因を理解しておかなければな

らない。ロールシャッハ・テストでは，平凡反応は非常に多くの人が述べる知覚なので，あまり重要な意味はないとみなされる。たとえば，V図版では羽のある虫やコウモリの反応はよく出されるので，限界吟味を行っても受検者がそのような知覚をすることができなければ，そのこと自体が受検者の知覚過程の特異性を示す。EMPでは，これと同じようにテストの各部分で刺激誘因を見極める必要はない。それは，EMPには刺激誘因がない（たとえば，最初の5個の早期記憶），あるいは刺激誘因が明示されているからである（たとえば，6個目の記憶，人生でとりわけ鮮明な重要な記憶）。最初の5個の早期記憶に関して言えば，EMPは紙と鉛筆があればできる自伝的記憶の投映法であるばかりか，考えられるなかで最も純粋な投映法である。

2-2　認知・知覚理論と自伝的記憶の投映法的活用

　十分に機能している自伝的記憶の存在を仮定せずにパーソナリティモデルを概念化するのは難しい。いや，おそらく不可能だろう。完全な自伝的記憶なしに，自分が誰なのか，他者が誰なのか，そして世界がどのようなものなのかはわからない。人生から何を期待していいのか知ることもできない。また，人生を調節するための信念の基本的構えをつくったり，維持したりすることができなくなってしまう。十分な動因があったとしても，それを実現に結びつけるための内的リソースや体験的基盤が欠けてしまうだろう。自伝的記憶にアクセスできない人に最もよく似ているのは，アルツハイマー病が進行した人である。要するに，自己心理学に基づいてパーソナリティを概念化するうえで，自伝的記憶は基本的かつ本質的なものだと言える。

　自伝的記憶が何なのかは直観的にはわかりやすいが，いざ定義しようとすると難しい。自伝的記憶は，機能としては，自己の同一性，特に他者や世界とのかかわりにおける自己の同一性をもたらす性質

をもつと言える。記憶を定義する際にも似たような問題にぶつかる。ナイサー（Neisser, 1982）は，記憶について厳密な定義を試みるよりも，記憶の機能について考えるほうがよほど理にかなっていると述べた。

　　記憶という現象をどう分類したらよいのかはわからないが，これから論じていくにあたって，記憶についての何らかの整理は必要である。科学の進歩のためには，研究を開始できるよう，ものごとを定義しておかなければならない。私は本論で，記憶の機能に基づいた組織化を行っていこうと思う。私たちは過去を**何のために**使っているのだろうか？　　　　　　　　（p.13）

記憶について検討するなかで，ナイサー（Neisser, 1982）は以下のように述べている。

　　私は，一般に言う「記憶」は存在していないと考えている。［…］これは，心を「思考」「意志」「情緒」などのいくつかの独立した能力に分けた古い心理学からもたらされた概念である。その概念では，「記憶」もひとつの独立した能力とされていた。このような考え方はやめ，別の問いの立て方をしてみたい。（p.12）

ナイサーが記憶の機能について述べていることは，自伝的記憶についても当てはまる。したがって，自伝的記憶を定義する際にも機能的なアプローチを用いるのが理にかなっている。

おそらく，現在ある自伝的記憶のテストの素材として最も良いものは，早期の子ども時代の記憶（早期記憶）であろう。しかし多くの専門家の間で，これらの早期記憶をどのように使用すべきかについて，意見は一致していない。洞察志向の臨床家は治療のなかで早

期記憶を使っていると述べている。しかし，彼らのほとんどは早期記憶をどのように使っているのか明確にしていないし，早期記憶をどのようなものとしてとらえているのかさえはっきりさせていない。実際の出来事，トラウマ，過去のフィクション，隠蔽記憶，比喩，過去についてのファンタジー，それらのうちのいずれとみなしているのか明示されていないのである。

　認知・知覚モデル（Bruhn, 1984, 1985, 1990b；Bruhn & Bellow, 1984, 1987；Bruhn & Last, 1982）では，早期記憶は現在の関心事を明らかにする過去についてのファンタジーだと考えている。多くの早期記憶が現実に根差したものであることは認めるものの，認知・知覚モデルでは，その早期記憶が正確であるかどうかを確認しなくても解釈は可能だとしている。つまり，たとえ記憶が無意識の力で歪曲されていたり，あるいはすべてが捏造されたものだったりしたとしても，解釈は有効だというのである。

　認知・知覚モデルは，私たちが自分や，他者，自分の周りの世界をどのように認知しているのかを理解しやすくなるように組み立てられている。その意味では，認知・知覚理論は，記憶のプロセスに基づくパーソナリティ理論であって，欲動（精神分析），仮想の目標（アドラー理論），強化（社会的学習理論）などに基づくパーソナリティ理論ではない。知覚のプロセスを理解するためには，自伝的記憶のなかでデータがどのように組織化されるのかを知っておく必要がある。認知・知覚理論では，自伝的記憶の想起のために知覚データが走査される際には比較的安定したスキーマが用いられていると考える。スキーマは，有用性の原則に従って形成される。有用性の原則とは，最も有用性が高いと思われるものや最も適応に役立ちそうなものに注意が向けられ記憶される，というものである。既存のスキーマに合わない情報は処理されにくく，記憶にも残りにくい。

　認知・知覚理論は社会的学習理論と同等視されることが多いが，決定的な違いがいくつかある。社会的学習理論は私たちがいかに学

習するのかを重視し，人間の行動を強化と関連した概念で説明する。これに対して，認知・知覚理論は，強化，条件づけ，モデリング，浸透などのうち，どの方法で学習したのかにかかわらず，学習したことすべてを考慮に入れる。そして，長い期間残りつづけてきた素材（早期記憶）を，その個人が自分や世界をどう知覚しているのかを知る手がかりとして吟味する。ただ，矛盾はするが，動因低減理論と似て，認知・知覚理論でも動力源とされるのは，自分の適応の範囲を広げたい，あるいは能力を高めたいという欲求である。

　早期記憶とその臨床的応用に主たる関心があると，認知・知覚モデルの理論的検討をするにあたって，人は世界のなかで多くの経験をし，その経験に基づいて比較的安定したスキーマを自伝的記憶のなかにつくりあげている，という仮説を立てたくなるだろう。しかし，認知・知覚モデルはこのような仮定を必要としない。まずは，新生児と幼少期の子どもの認知的発達に関するピアジェの知見を取り入れ，それを展開させていけばよい。

　認知・知覚理論は，個人の行動の正確な予測が可能な科学的モデルとなるようにつくられている。認知・知覚理論が非常に優れた予測モデルであることは，徐々にわかってくるだろう。人には自分の知覚，態度，期待に一致した行動を取りやすいという傾向が見られるため，予測が可能なのである。犯罪を行った人たちを対象にした実証的研究の結果からも，このことは裏づけられている（Bruhn & Davidow, 1983 ; Davidow & Bruhn, 1990）。

2-3　自伝的記憶とその構造

　自伝的記憶の構造は複雑である。そもそも記憶にアクセスできるかどうかを決定する主要な要因は，**態度**と**気分**である。現在の気分がある特定の記憶の気分と矛盾している場合は，その不一致が解消されない限り，その記憶を想起するのは難しく，不可能なことさえ

第2章 基礎となる理論　**37**

ある。同様の原理は態度に関しても成り立つ。したがって，その記憶が「忘れられている」とするのは正確ではない。現在の態度と気分がその記憶の想起を妨害する限り，その記憶にアクセスできない，とするほうがより真実に近いだろう。

認知・知覚理論では，自伝的記憶は適応と有用性の原則に従っていると仮定されている。重要な記憶には，自伝的記憶のなかで優先権が与えられている。ある記憶が重要視されるときの理由は何通りかある。たとえば，その記憶には，自分や他人，世界について学んだ教訓が保存されているかもしれない。あるいは，その記憶が，現在抱えている未解決の問題に焦点を当てたものなのかもしれない。

自伝的記憶が有用性と適応の原則に従っているということとは別の観点になるが，次に，自伝的記憶がどのように構成されているのか説明したい。ただし，これについての綿密な検討は本論の目的から離れてしまうため，7つの特定の構成要素に限定して概説する。その要素とは，態度，気分や状態，内容カテゴリー，時間，人物，場所，そして活動である。これらのなかで最も重要なのは，態度と気分である。

引き寄せの原則によって，長期記憶からの想起が調節される。つまり，私たちは信じている通りに記憶するのである。態度には，自伝的記憶を組織化する最も強い影響力がある。影響力が強く，かなりの程度一般化された態度（たとえば，「人間は信用できない」や「一生懸命やりさえすれば目標を達成できる」など）が取り入れられると，この態度を表現することができるように，自伝的記憶の世界は再構成される。誰かにひどく傷つけられる経験をして，人は誰も信用できないと考えるようになってしまったら，小学1年生のときの担任がどんなに親切で，どんなに自分の気持ちに配慮してくれたかということを「忘れて」しまうかもしれない。なぜならば，過去の経験の想起を調節している現在の主な態度からすると，この記憶は整合していないからである。以前は好きだった小学1年生のとき

の担任について，トイレに行きたいと言ったのに行かせてくれず，ひどく傷つけられた，ということを急に思い出すかもしれない。つまり，かなりの程度一般化された態度は自伝的記憶のなかの門番のような役割を果たし，現在の態度と一致しない態度を含む記憶を排除してしまう。バートレット（Bartlett, 1932）が述べるように，記憶とは一般化された態度を中心に組み立てられた再構成にすぎない。一般的に，記憶は事実に影響を受けやすいのではなく，態度に影響を受けやすい。その結果，事実は主な態度と一致するように，曲げられ，歪められ，「忘れられ」てしまう。その逆に，態度が事実に合うように修正されることはない。記憶の領域では，支配力をもっているのは事実ではなく，態度である。「うるさい，事実なんてどうでもいいんだよ」という台詞は昔からよく使われるが，これは自伝的記憶とその構造には見事に当てはまる。

　それでは，重要な態度が変わったらどうなるだろうか？　たとえば，人は信用できないと思っていた人が，その態度を捨てたとしよう。それまでのその人の記憶はそのまま残るのだろうか？　それとも新しい態度を反映して変化するのだろうか？

　記憶は適応的に組織化されるという前提に立てば，答えは演繹的に導き出される。すなわち，記憶は変化しなければならない。信念の構造の変化によって，それまですぐに思い出せた記憶は無価値とされ，もはや使いものにならないとみなされてしまう。これらの古びた記憶が保持されるのは，ただそれまでどのように考えていたかを思い出させるためだけであって，優先度の高い記憶のために貯蔵スペースを節約したいからではない。とはいえ，自伝的記憶が態度の変化に伴って変化するのかどうかは，最終的には実証が必要となる問題である。ブルーンの経験では，クライアントの態度が変わると，それと同時に記憶も変わる。そのうえ，ほとんどのクライアントは古い記憶や態度を思い出しにくくなる。たとえば，バッハ（Bach, 1952）は概念的に興味深い実験を行い，治療の途中にクライアント

が具体的に話した記憶を記録した。治療終結時に自分の記憶とそうでない記憶を区別してもらったところ，自分の記憶であっても，治療終結時の態度と合致しなくなってしまったものについては，クライアントは自分の記憶ではないと否定した。

　自伝的記憶の組織化の原理として2番目に重要なのは気分である。これは，さまざまな表れ方をする。たとえば，著しい感情の不安定さ（躁うつ病）という特徴をもつ群を取り上げてみる。早期記憶がいくらかでも気分の影響を受けるのなら，躁うつの人の早期記憶は気分の変動に合わせてかなり変化すると予想される。実際，その通りのことが起きているようである。現在の気分に合った早期記憶が新たに選び出されることもあるし，記憶のなかの感情的要素が現在の気分とよく似たものになるように，早期記憶が修正されることもある。いくつかの実証的研究（Bruhn, 1984）によれば，長期記憶から何を想起するのか，そしてこれらの記憶はどのように想起されるのかという点に，現在の気分がかなり強い影響を及ぼす。たとえば，飼い猫が突然心臓発作で死んだときのブルーンの個人的経験だが，それまでに喪失や死にまつわる自発的記憶［▶1］はなかったのに，驚いたことに，飼い猫が死んでしまったことに気づいた途端，たくさんの喪失の記憶を思い出した。喪失体験に伴って悲しみを表すと，めったに想起されることのなかったこれらの記憶が突然意識に上ってきたのである。しかし，2日後，強い悲しみの感情が薄れてくると，ほんの少し前にはありありと思い出されていたことが想起できなくなってしまった。現在の感情が記憶のなかの感情とよく似ている場合には，その記憶を容易に，鮮明に思い出すことができる。そうした点からして，強い感情を伴った多くの記憶は**状況依存的な**性

［▶1］ブルーン（Bruhn, 1984）は，自発的な記憶（「最も早期の記憶は…」）と方向づけをされた記憶（「最もトラウマとなっている記憶」や「罰を受けたことについての特に鮮明な記憶」）を区別している。早期記憶から人格構造を調べたり未解決の問題を見つけ出したりするうえで，この2つの区別は重要である。

質をもっていると言える。同様に，不安を感じている人は，不安が重要な感情要素となっている早期記憶を想起しやすい。このことは，抑うつ，怒り，その他の際立った否定的な感情の場合にも当てはまる。

　3番目の組織化の原理は**内容カテゴリー**である。**自発的な**早期記憶には現在取り組んでいる未解決の問題が表れているが，自伝的記憶には，ほかにももっと多くの記憶が含まれている。それらは，適切なカテゴリーの探針を入れることで意識に上ってくる。たとえば，自発的な早期記憶には達成に関するものしか挙げられていなかったとしよう。達成は内容カテゴリーのなかのひとつである。しかし，正しく探針を入れられれば，この同じ人物はその他の内容カテゴリーに関連した記憶を想起できるかもしれない。内容カテゴリーとして罰について調べたいと思えば，「罰を受けた最初の記憶は何ですか？」「最もはっきりしている記憶は？」「今まで受けたなかで最も厳しい罰は？」「罰を受けた後，最悪な気分だったときは？」「最も不当だった罰は？」などと質問するだろう。このような質問をするのは，罰の意義を認識できるように，罰を内容カテゴリーとして自伝的記憶が組織化されている，という直観的理解ゆえである。あるカテゴリーに関連する記憶のなかには役に立つデータが含まれている場合もあれば，現在は重要でないデータが入っていることもある。いずれにしても，自発的早期記憶で焦点を当てられていなかったカテゴリーのなかのデータは，当人にとっての差し迫った関心事とは関係ないことが多い。探針を入れたカテゴリーがその人にとって明らかに現在重要な意義をもっていることもあるが，それは「最もトラウマとなっている」記憶などのごく少数のケースだけである。

　4つ目の組織化の原理は時間であり，多くの場合，暦年と年齢が関係している。カテゴリーとしての時間は，産業化された国の人にはかなり重視されているが，伝統的な文化社会の人にとっては重要度が異なっている。伝統的な文化社会の人は，どの季節にその出来

事が起こったのかは覚えているかもしれないが，そのときの自分の年齢や暦年はめったに覚えていない。産業化された国では正規の学校教育に重きが置かれているので，それが起きたのは8歳のときだった，1年生のときだった，1968年のことだった，などというように思い出すことが多い。子ども時代，思春期，若年成人期の自伝的記憶を整理するには，学年は便利である。成人期になると，自伝的記憶は，子どもの誕生，転居，親の死去，転職，上司の交代など，人生上の重要な出来事に沿って整理されることが多い。

　5つ目の原理は人である。自分，母親，父親，兄弟姉妹，教師などについてのスキーマを初めて構築していくときは，このカテゴリーからのデータが基になる。そのため，このカテゴリーの情報には高い適応的な価値がある。各人についてのスキーマは，その後，「男」「女」「権威像」などのより大きなスキーマに般化されていく。この組織化の原理によって，個人としての他者，カテゴリーとしての他者（たとえば，スポーツ選手，警察官），集団としての他者（他者一般）からそれぞれ何が期待できるのかというような，大きな適応的価値をもつ情報に容易にアクセスしやすくなる。

　6つ目の原理は場所である。場所のカテゴリーの代表的なものと言えば，学校や祖母の家，教会などである。場所のカテゴリーによって，場所や場所に関連する状況に結びつく重要な期待を含む記憶の整理がしやすくなる。たとえば，「夕食のためにテーブルについて座っている」という，場所に関する探針を使うと，食事時に家族が集まるとどんなことが起こるのかといった，その人の期待が描き出された重要な記憶がいくつか引き出されるかもしれない。また，「学校でテストを受けている」という探針であれば，あるひとつの達成場面に対するその人の態度を引き出し，受験という状況に対する一般的な期待を明らかにすることができるだろう。

　7つ目の原理は活動である。水泳やサッカー，あるいはセックスなどの活動からは，潜在的な重要性をもつ記憶が引き出される。た

とえば，サッカーからは，熟達，自己評価，自信，仲間関係に関する態度や感情についてわかるかもしれない。セックスであれば，自己概念，自尊心，自信，協調性などに関する素材が得られることが多い。

　最も重要な記憶は，いくつかのカテゴリーに重複して蓄えられている。たとえば，やってはいけないことをして父親から罰を受けたという自発的早期記憶が思い出されたとする。この記憶は，罰（内容カテゴリー），罪悪感（気分や状態），父親（人）などのいくつかのカテゴリーに蓄えられている可能性がある。何通りかの方向づけをされた設定（たとえば，罰の最初の記憶，父親の最初の記憶，家族の最初の記憶など）でも同じ記憶が出てくる場合は，その記憶が重要なものである可能性が高い。いくつかの主要なカテゴリーのなかに鮮明な形で貯蔵されている記憶は，その人にとって大きな意味と重要性をもっている。

　自伝的記憶には，ここに取り上げた以外のカテゴリーや下位カテゴリーがある。しかし，人格構造を調べ，態度と期待を特定し，主たる未解決の課題を査定するうえでは，ここで解説したカテゴリーが最も重要である。その他の目的のために自伝的記憶を研究しようという人にとっては，ここに挙げた以外のカテゴリーや下位カテゴリーも有用であろう。

　自伝的記憶がどのように組織化されているのかを理解できれば，自伝的記憶の探索はより容易になる。たとえば，貯蔵されている自伝的記憶にアクセスするためには現在の気分と一致している必要があるとわかっていれば，どうして抑うつ的でない人は「悲しい」早期記憶を想起しにくいのか理解できるだろう。そうすると，そのような記憶にアクセスしやすくするための工夫を考え出すことができる。たとえば，次のような方法はどうであろうか。「想像できる限り最も悲しい出来事を思い描いてください。悲しくなってきましたか？それでは，人生で最も悲しかった出来事を思い出してください」。深

い悲しみを感じることができれば，普段は気分が一致していないために意識されずにいる悲しい記憶でも，思い出しやすくなる。

2-4 認知・知覚理論からわかること

　認知・知覚理論は，能力を伸ばし，自分ができることを増やしたいという，人の生得的な欲求を重視する文脈理論である。認知・知覚モデルが注目するのは，どうしてこの成長のためのプロセスが阻害されているのか，そしてどうすれば成長を促すことができるのか，という点である。成長したいという欲求の存在は，人間の発達早期からはっきりと見て取れる。たとえば，ベビーベッドのなかの物を何度も繰り返しつかもうとする乳児，休むことなく立ったり歩いたりしてうまくなっていく幼児，母親に向かって「自分でやる！」と訴えている2歳児などを見れば明らかである。この欲求の表れ方には社会的変数も影響してくる。強くて有能な役割モデルと同一視している子どもは，そのような役割モデルをもっていない子どもよりも，自分ができることを増やそうとする意欲が高い。人によって人生はさまざまで，全員が同じ能力を授かっているわけでもない。そのため，遺伝，環境，意欲の違いの組み合わせにより，人間のさまざまなレベルの機能が生み出されていく。それは，深刻な遅れや精神病（重度の機能障害）のこともあれば，高度な機能の場合もある。個人の発達に支障をもたらしてしまうような問題を理解するために，認知・知覚理論は，その人の人生の問題の性質や原因についての手がかりとして，自伝的記憶に目を向ける。早期記憶を用いることにより，その人の発達の力を妨げている現在の主な未解決の問題を見つけ出すことができる。発達のどの部分で行き詰まっていて，改善のためには何ができるのかを理解するうえで，早期記憶は有用である。

　認知・知覚理論は人間の性質に関する一連の仮説を基盤にしているが，なかでも特に注目するのは欲求である。人はさまざまな欲求

を，さまざまな強さで行動として表す。たとえば，何時間もバスケットボールを続ける子どもがいる一方で，1〜2ゲームすれば，少なくともバスケットに関しては，競争や達成の欲求が満たされる子どももいる。バスケットをしたいという欲求をもたず，その他の活動でも達成，熟達，競争に関する欲求のレベルが低い子どももいるだろう。認知・知覚理論は，個人を他とは異なる唯一無二の存在にしている心理学的側面に目を向ける。その点が，すべての人に似たような性質をもたせる人の機能の生理学的側面に焦点を当てるイド心理学とは異なるところである。

　認知・知覚理論では，自伝的記憶はその人独自の自己，他者，外界の構築の仕方を知るための優れた方法だと考えている。ある個人が世界をどのように認識しているかを知りたければ，自伝的記憶がその人の内的スキーマへの王道となる。私たちは自分が知覚したのと同じように思い出す。そして，思い出したのと同じように知覚しているのである。

2-5　認知・知覚モデルの概要

　認知・知覚モデルによれば，知覚は，全体の詳細な像ではなく，「全体の印象」を把握しようとするものである。この点については，バートレット（Bartlett, 1932）がずいぶん前に述べている。知覚の**選択性**の基本的な考え方は，まず欲求，恐怖，興味，信念による方向づけがなされて知覚過程がつくられ，その後，想起された出来事が再構成される，というものである。個人の欲求，恐怖，興味，信念が，**参照枠**をつくりあげる。参照枠は現時点で作用し，さらには，既存のスキーマでは説明がつかない学習や新しい経験をした場合に，それらに合わせて作り替えられる。スキーマは記憶の構造に関連する用語であり，過去の経験から得られた自己，他者，世界に対してもっている期待や習慣，公理だと言い表せる。記憶は，基本的には

第2章　基礎となる理論　　45

世界についての痕跡や映像ではなく，世界に関するスキーマから成り立つものである。膨大な事実情報よりも，過去の経験に由来する態度のほうが，長期の自伝的記憶に長く残る。**正当化のプロセス**によって，想起の過程で最初に浮かびあがってきた態度と「事実の詳細」がぴったり合うように，記憶から出来事が構成される。要するに，認知・知覚モデルでは，知覚－記憶－知覚のフィードバック・ループを想定している。現在のスキーマに疑問を投じざるをえなくなるような特異な経験でもなければ，世界に対する知覚は一定に保たれる。スキーマが変化すると，知覚のプロセスも新しい見方に合うように変えられる。知覚に変化が起きると，記憶の適応的な機能と**有用性**の原則に沿うように，長期記憶のなかで平行移動が生じる，という仮説である。

2-6　主要な未解決の問題を定義する

　認知・知覚モデルでは，長期の自伝的記憶は適応の原則にしたがって組織化されると考えられている。つまり，より効果的に機能する助けになるような情報は注目されるようになる。そのひとつの例は，主要な欲求を満たすことに関連する情報である。また，満たされないことが多い重要な欲求に関連するデータも，そのような情報のひとつとなる。欲求充足のために必要な対処戦略やスキルを身につけることができないと，重要な欲求は十分には満たされない。このような不足は，その人が現在取り組みつつある問題と関係している。

　誰もが取り組んでいる最中の問題，すなわち何とかしようと現在尽力している課題を抱えている。なかには，さほど厄介ではないものもある。自己主張を例に挙げてみよう。社会的に成功し，十分に機能している人は，きわめて力のある人との関係や，自分と最も親しい人との関係などの稀な状況でない限り，自己主張に困ることはない。一方，自己主張に著しい問題を抱えている人は，1杯のコー

ヒーを注文するという一見何でもなさそうな行動をはじめとして，さまざまな状況で困難を感じる。取り組んでいる最中の問題は，比較的ささやかで限られた範囲の機能不全であることもあれば，意味ある人生の歩みを妨げるようなより広範囲の機能不全を伴うものである場合もある。いずれにしても，未解決の問題は文脈によって概念化され，定義される。

　臨床場面で出会うクライアントは，通常，人生を立ち行かなくさせてしまう重要な未解決の問題の真っただ中に置かれている。重要な未解決の問題aが二次的にb，c，dを引き起こすが，b，c，d同士には関連がないこともあるし，aがbという問題を引き起こし，今度はbがcをもたらし，さらにはcがdを惹起するということもある。あるいは，これらの2つが組み合わさったパターンもある。臨床家にとっての最初の課題は，クライアントが呈するさまざまな症状の相互関係を概念化し，臨床像のなかの因果関係を理解することである。

　主要な未解決の問題とは，因果連鎖の最初の輪のことである。これは心理療法の経過のなかで次第にわかってくることではあるが，時間の節約のためには，一揃いの自発的な早期記憶や自伝的記憶を用いれば同じような判断をすることができる。たとえば，対人関係の問題を訴えている男性がいたとしよう。彼の話では，関係をもちはじめた当初はいつも順調なのに，しばらくすると相手の女性は離れていってしまうのだという。こういうパターンになっていることは自分でも理解しているが，それをどうやって変えればいいのかわからず，そこで援助を求めてきた。彼の自発的な早期記憶を分析すると，そのうちのいくつかはもっぱら女性に失望させられた出来事に焦点が当てられていた。その後，早期記憶からは，失望が不信と尻込みを引き起こし，その孤立が抑うつと卑下をもたらしていることがわかった。このケースの場合，主要な未解決の問題aは女性を信じられるようになることだった。この問題をどう扱うのかは，このクライアントに最も効果がありそうな介入は何なのかを見立てる

第2章 基礎となる理論　47

臨床家の判断によって変わってくる。クライアントには直接的なアプローチは耐えられないだろうと思えば，臨床家は因果連鎖の最後の輪（卑下と抑うつ）から始め，抗うつ剤を使ったり，簡単な形式の認知療法に導入したりするだろう。もっと強力な介入に耐えられると考えれば，臨床家はクライアントが抱える女性に対する不信感の問題から取りかかり，それが何に由来するのか，そして現在は女性との関係をどのように築いているのかといった点を検討していくだろう。すると，「父も女性を信用していませんでした」というようなモデリングや同一化の側面が見えてくるかもしれない。あるいは，家族状況の変化をもたらすようなことが起きていた可能性もある。たとえば，第一子で父のお気に入りでいられたのに，妹が生まれてからは妹に父を取られてしまったと思っているのかもしれない。

　主要な未解決の問題に関しては，以下のようなことが言える。

（1）重要な未解決の問題は，自発的な早期記憶から見つけることができる。

（2）重要な未解決の問題があっても，それは健康な発達過程の一部と考えられるし，そのこと自体は精神病理の徴候とはならない。重要な未解決の問題は，年齢相応の発達段階の問題を反映していることもあれば，発達的に不適切な慢性的で固定化した問題を示していることもある。健康に発達している潜伏期の男子の多くは，たとえば，自転車に初めて乗ったことといった「乗り物の記憶」を述べる場合があるが，この記憶は潜伏期の年齢にとって適切な達成や熟達の課題を反映したものである。

（3）病的な未解決の問題と病的でない未解決の問題は区別できる。多くの場合，前者の問題を抱える人はかなり「行き詰まって」いて，前に進むことができていない。そして，その人が抱えている問題は，その人の年齢には不適切なもの

となっている。

（4）重要な未解決の問題が解決すると，自発的な早期記憶は変化し，その次の主要な問題が反映されるようになる。

2-7　鍵となる命題

認知・知覚理論はいくつかの鍵となる命題にまとめられるが，なかでも最も重要なのは以下のものである。

1　知覚は選択的なものであり，写真のようなものではない。この原則の実証的基盤はバートレット（Bartlett, 1932）の実験に示されている。知覚の選択の土台となるのは，恐怖，欲求，興味，信念である。

19世紀末に，ウィリアム・ジェームズ（James, 1890）も同じことを述べていた。

　　私の感覚に訴えてくる外界の要素は数知れずあるが，それらが全て私の経験に取り込まれるわけではない。なぜか？　それは，私がそれらに**関心**をもっていないからだ。私が注目したことだけが，私の頭のなかに描かれる。選択された関心がなければ，経験はカオスにすぎない。関心によってアクセントや強調点がつけられ，光と影ができ，背景と前景が生まれる。つまり，知覚的に理解できるようになるということだ。　　（p.402）

ストットランドとキャノン（Stotland & Canon, 1972）は，ジェームズの知覚の選択性の概念に基づき，詳細な論を進めている。彼らはノーマン（Norman, 1968）の研究を統合し，知覚データが処理されるときのことについて次のように述べている。

［…］分析には，現在の関心，活動，興味が反映される。進行中の分析に関係すると思われる外界の出来事は階級分けされる。要するに，この分析からわかるのは，どのようなことが，今考えたり，気にしたりしていることと関係しているのか，ということである。　　　　　　　　　　　　　　　　　　　　　　　　　（p.75）

　知覚が選択的なものであるのなら，記憶も選択的であるにちがいない。バートレット（Bartlett, 1932）は次のように主張している。

　　　私が収集した何千もの記憶のなかには，［…］逐一正確に想起されたものはほとんどなく，［…］エビデンスを踏まえれば，［…］記憶とは単なる再生ではなく，明らかに構成という事象だと言える。　　　　　　　　　　　　　　　　　　　　　（pp.204-205）

② 個人の参照枠は，欲求や恐怖，関心，主な信念と関連している，注意を向けるに値する経験として概念化できる。

　たとえば，イヌイットはさまざまな雪を区別して，それぞれに違った言葉を与えているが，フロリダに住む人はせいぜい雪とみぞれを区別するだけである。雪の種類を区別することはイヌイットには適応的価値があるが，フロリダに住む人にとってはそうではない。イヌイットの雪に対するスキーマには，フロリダの住民のスキーマにはない複雑さが認められる。
　個人の参照枠というのは，現在において作用し，新たな関心や新しい経験，視点の変化に合うように広げられていく。

3 自己や他者，世界に対するスキーマは，特異で強烈な経験によって既存のスキーマが使いものにならなくなると，変化することがある。

　スキーマは，他者や世界から何が期待でき，自分は他者や世界とどのように関わることを期待されているのかといったことに関する一般的なルールであり，それは過去の経験を基につくられている。スキーマは，知覚したデータが注意を向けるに値するか否かを判定する。スキーマがなければ，よほどの経験をした場合以外は，スキャンされた知覚データは処理されない。日々の経験を基に，私たちは世界の本質について常に仮説を立て，試し，修正し，放棄している。そのため，スキーマはいくつかの理由で変化することがある。たとえば，それまで柔らかい毛の動物が大好きだった子どもがふわふわした毛の犬に噛まれた場合，その経験の前と後では，その子の犬への近づき方は変わるだろう。つまり，犬のスキーマに関連する期待が変化したのである。

　ある臨床例が思い出される。夫は，強迫的な行動がいくつか見られる妻について，自分のことを愛していないと思っていた（夫の妻に対するスキーマ）。それは，夫は性交渉を「妻の義務」の一部と考えていたのに，妻はそれを拒むことが多かったからである。夫の論理では次のようになる。「もし妻が私を愛しているならば，私が夫婦関係をもちたいと思っているのを知ったら，それを優先させるだろう。それなのに妻は，拭き掃除をしたり，掃除機をかけたりすることを優先し，いつも『忙しい，忙しい』と言っている。私のことや私の気持ちなど気にかけていないにちがいない。したがって，妻は私のことを愛していないのだ」。しかし，妻の見方はまったく違っていた。妻は夫の強い性的欲求に怯えていた。妻は家事には自信があったが，性的に夫を満足させられるとは思えなかった。妻が自分はセックスのパートナーとしてふさわしくないのではないかと気に

第2章 基礎となる理論　　51

病み，そのために夫婦関係を避けていたのだということを夫が理解すると，夫の妻に対する見方が変わった。そして，長年の夫婦間の性的問題は，「妻が援助を必要としていることがら」として再処理されることになった。夫の「妻は私を愛していない」というスキーマは，妻の抱えている失敗に対する恐怖と拒否されることへの恐怖を知ることによって，変化したのである。

④ 記憶は世界に対するスキーマから構成されており，世界についての痕跡や映像からできているのではない。

　直観像（写真のような）記憶は，長期記憶のなかでは例外的なものである。その性質上，写真のような記憶は大量の皮質の容量を必要とするため，膨大で扱いにくく，非効率的なものである。効率的な認知処理をする必要から，蓄えられる情報量には制約をかけざるをえない。たとえば，大学で物理の試験のために勉強する場合であれば，学生は，一番重要なデータ（法則や公式など）をすぐに使えるように，どの情報が重要かを決め，その教科の内容を整理しておかなければならない。

⑤ 記憶に長くとどまるものは，過去の経験から引き出された態度であり，膨大な量の事実情報ではない。

　犬に噛まれた経験から構成されたものは，噛まれたという事実よりも重要である。その経験を踏まえ，唸り声をあげている犬を撫でようとしないほうがよいと考える人もいるだろうし，どんな犬も危険だから遠ざけておくべきだと考える人もいるだろう。
　引き寄せの法則により，長期記憶のなかからどの出来事を思い出すかが決められる。自分は被害者だと思っている場合は，長期記憶の出来事からその知覚に一致する記憶が想起されるだろう。自伝的

記憶のなかから，現在あるいは過去にあった同様の態度が組み込まれている出来事が選ばれ，現在の知覚や態度によって強化される。そのため，思い出されたものには，現在の知覚が反映されることになる。このような現象は臨床経験からすぐに見つけることができる。たとえば，急性の抑うつ症状に苦しんでいるクライアントは，現在の悲観的なものの見方を反映した早期記憶を報告するだろう。また，クライアントの記憶には，現在の抑うつのエピソードに最も関連した未解決の問題が描き出されるだろう。引き寄せの法則によって，過去と現在の経験が一貫して矛盾のないものになるように，どの出来事に早期記憶からエネルギーを与え，どの出来事を早期記憶から取り出すのか決められる。

6　認知・知覚理論では，引き寄せの法則に沿って早期記憶に現在の知覚が反映される，と仮定している。

　私たちは，現在の知覚と信念を反映し，具体化している出来事を思い出し，現在の信念に合わない出来事は「見落とし」たり「忘れ」たりする。理解しやすくするために，引き寄せの法則を否定したうえで，以下の仮説をそれぞれ主張してみたい。

（ａ）自伝的記憶のなかから想起されたものは，現在の知覚と信念とは相反している。
（ｂ）自伝的記憶のなかから想起されたものには，現在の知覚や信念との相関関係がない。記憶に現れている信念のなかには現在の知覚や信念と一致しているものもあるが，そうでないものも同じ数だけある。

　早期記憶と現在の信念や知覚との関係についての命題は，論理的にはこの2つがあれば十分だろう。まず，最初の命題から検討して

第2章　基礎となる理論　53

みよう。もしも早期記憶に現在の知覚と信念とは正反対の知覚や信念しか含まれないとしたら，世界は非常にわかりにくいものとなるだろう。現在の信念はすべて過去の経験と矛盾することになる。そのような環境では，果たして学習は可能だろうか？　また，記憶に適応的な価値などあるだろうか？

　2番目の命題は，現在の知覚と信念には早期記憶から見出されるものとの相関関係はない，というものである。そのような記憶システムは最低限の組織化しかされておらず，利用価値がない。世界に関するひとつのスペクトラム上のさまざまな意見に対して，記憶がすべて等しい重みづけをしていたなら，完全な認知的カオスがもたらされる。このようなシステムでは，ライオンは危険であると認識されたかと思えば，次にはかわいいものと認識され，しかもこの2つの認識間にある矛盾は感知されない。このようなシステムに適応的な価値はない。

　世界についてのデータが一貫性のある，筋の通ったものになるように，あるいは矛盾がなく，ちぐはぐでなく，乱雑ではないものになるように，記憶は組織化される必要がある。これは直感的に明らかである。そのような組織化がなされていなければ，人生のなかで遭遇する多種多様な状況に，根拠をもって適応的対応をすることができなくなるからである。

　記憶は現在の知覚と信念を反映し，具体化しているということを理解すると，心理療法や学習などによって現在の信念や知覚が変化したときに何が起こるのか，容易に推し量ることができるだろう。現在の知覚や信念に関するスキーマが変化すると，それらの変化を反映して，記憶は修正される。もしくは意識から消去される。その代わり，それまで気にすることもなかった「新しい」記憶が，引き寄せの法則に従って意識に上ってくる。

7 正当化のプロセスでは,「事実の詳細」と想起の過程で最初に現れてくる態度が一致するように, 長期記憶のなかの出来事が再構成される。

　現在の態度は, 記憶と知覚に歪みをもたらす主な要因である。態度は, 信念と調和しない知覚データの処理を妨げる。たとえば, 他者からは不当な扱いを受けるだろうという期待をもつ人と, 公平に扱われるだろうという期待をもっている人とでは, 人から親切にしてもらった経験の受け取り方は違ってくる。ひとたび期待が固定化して公理のようなものになってしまうと, 強力な反証となる経験でもない限り, その期待を変化させるのは難しい。期待とは個人の経験から生まれた仮説や可能性のことだが, 公理とは, 物理学の重力の法則と同じように, しっかりと確立した信念のことである。

　認知・知覚理論で言う公理は, 主な信念と結びついた期待や, 自己や他者, 外界に対してその個人が下した結論と関連している。正式な論理学で用いられる場合とは違って, 自伝的記憶における公理が対象とするのは, 構成, 感情的事実, 通常なら疑問視されることのない主観的真実などである。ある特定の公理が人格を構成する核にとって中心的なものであれば, それは人格構造や自己概念において重大な役割を果たす。たとえば, 勤勉で責任感の強い第一子長男がいて, その母親はしょっちゅう問題を起こしている弟のためにほとんどの時間を割いていたとしよう。ここで生じている力動はさまざまに解釈できるが, この長男は「自分はかわいくない。何をやっても母からの注目と愛を得ることができない。それが自分の根本的欠点である。この欠点のせいで私は愛されない」と考えるかもしれない。この人格の構成が「感情的事実」や公理とみなされてしまうと, 通常とは異なる特別の出来事でもなければ, それを取り消すことができなくなる。このような人のなかには,「自分にできることは何もない」というような虚しさと寄る辺なさが蔓延し, 抑うつの核

第2章 基礎となる理論　55

がつくられてしまう。しかし，この公理の基となった経験が明らか
にされ，ろくでなしの弟のくせに自分より好かれているという信念
に対する適切な見直しがなされれば，人格構造に意味深い変化が起
こるだろう。人格構造における公理は，建物の土台に例えることが
できる。もしもこの過重を支える構造が深刻なダメージを受ければ，
建物は崩壊するかもしれない。同じように考えると，主な公理が適
切に変化すれば，その公理を中心にして築き上げられてきた人格の
構成も弱まると言える。

8 記憶は，蓄えられたデータのうち潜在的に最も適応価値のある
　ものをターゲットにする。

　記憶は，役に立たない情報の保管所ではない。自分のしたことを
思い出すのには理由がある。その理由とは，自分の適応のレベルを
維持し，向上させることである。役に立たない情報（たとえば，無
意味音節）は，たとえ学習して長期記憶に蓄えられるとしても，す
ぐに忘れられてしまう。それは，覚えていても利用価値がないから
である。自伝的記憶のなかから想起されるものは，重要な欲求が満
たされたこと，あるいは満たされなかったこととほぼ関連している。
人はそれぞれ自分の欲求に優先度をつけて序列化しているが，それ
は記憶の内容の分析から推定できる。早期記憶は選択されたものな
ので，早期記憶からはより推定がしやすい。

9 記憶は，**有用性**という適応の原則に従って組織化されている。
　最も利用価値があるとみなされたものは強調され，活性化され，
　長期記憶のなかで目立つ位置にもちあげられる。

　英語の試験のために勉強している2人の高校生の例を考えてみよ
う。1人は作家志望で，動機づけが高かった。彼は，登場人物をど

う成長させていくのか，読者の関心を保つためにどのようにストーリーに緊張感を与えたらいいのかといったことに興味をもっていた。もう1人は，自動車通学を引き続き認めてもらえるように，ただテストに合格して運転の許可をもらえればいいと思っているだけだった。2人目の高校生は，自分が学ぶことに特段の価値を感じていない。学習内容には道具的価値しかなく，合格して車の運転の許可さえもらえれば十分だった。しかし，1人目の高校生にとって学習内容は自分の役に立つものなので，学ぶ意欲につながっていた。教師は，登場人物の成長に重きを置いて，作品の選択，講義，討論を行った。この高校生は，試験の出来はともかく，勉強すればその分得られるものはあると期待している。試験後にこれら2人の高校生の長期記憶に残っていたことは，学んだ教材のその人にとっての固有の価値と関連していた。数カ月後にも，1人目の高校生は教材の内容をよく思い出すことができるだろう。それは，彼には教材がとても興味深いものだったからである。もう1人の高校生は，学んだことをすぐに忘れてしまうかもしれない。それは，主に自動車通学を維持する目的で勉強したからである。記憶に残り，長期記憶のなかで目立つところに押し上げられるのは，価値のある内容をもつ素材である。

早期記憶は長期記憶の一部であり，同じく有用性の原則に従うので，すべての子ども時代の思い出には，現在のその人にとって固有意味と価値があると考えられる。

10　自伝的長期記憶の内容は2つの主なカテゴリーに分けられる。
（a）主な欲求が満たされなかったことへの不満を反映している，否定的な感情の記憶
（b）主な欲求が満たされたときの満足を反映している，肯定的な感情の記憶

第2章 基礎となる理論　57

どちらのカテゴリーの記憶にも，適応的な価値をもつ情報が含まれている。最初のカテゴリーには，ゲシュタルトの法則に従い，現在取り組んでいる最中の作業が反映されている。1920年代から1930年代にドイツで行われた古典的な実験のひとつを紹介する。この実験では，算数の問題を解いている生徒に，途中で邪魔を入れた。実験の結果からは，解き終えた問題よりも，邪魔が入って解けなかった問題のほうを思い出しやすいということが示唆された。自伝的記憶においても，以前は課題とされていたが今はそうではなくなった問題よりも，解決途中の問題，すなわち片づけなければいけない問題のほうが想起されやすい。否定的な感情の早期記憶には，成長のための最新の課題や取るべき「次の一手」が表されていることが多い。

2番目のカテゴリーは肯定的な感情の早期記憶で，そこには大事な欲求を満たすにはどうすると最もよいのかが示されている。小学校の学芸会の最後での総立ちの拍手喝采を想起した人は，強い自己顕示欲が満たされたことを懐かしい思いで振り返っているであろう。誕生日やクリスマスに特別なプレゼントをもらったことを早期記憶としていくつも想起すれば，それは，その人には特別な人として扱われたいという強い自己愛的欲求があることを示す証拠となる。肯定的な感情の記憶は，2つの目的に役立つ。

（1）主たる欲求が満たされて特別な満足感が得られた状況を思い出させる（指向性の機能）。
（2）人生が円滑に進んでいなくて欲求不満を感じているときに希望をもたらし，気分を安定させてくれる（安定化の機能）。

言い換えると，肯定的な感情の早期記憶は願望を表し，否定的な感情の早期記憶は解決途上の問題に対する恐怖，不確実感，緊張を表している。検査では，記憶が希望や恐怖を反映しているかどうかを見分けるために，記憶と結びついている最も強い感情を同定して

もらい，それを7件法で評定してもらう（Bruhn, 1989b, pp.9-10）［▶2］。自分の感情がわかっている人の場合であれば，この方法が役に立つ。

［▶2］早期記憶回想法（Bruhn, 1989b）は，クライアントが自分の自伝的記憶を探り，自分の課題をよりよく理解できるようになることを目指してつくられている。この方法についての議論に関しては，ブルーン（Bruhn, 1990b）を参照。

第3章

記憶の分析と
解釈

3-1 プレシーを用いる

　認知・知覚法を用いた早期記憶の解釈は，すでにいくつかの文献で示されている。たとえば，ドワイト・D・アイゼンハワー〔訳注：第34代アメリカ合衆国大統領〕の1つ目の記憶（Bruhn & Bellow, 1984），ゴルダ・メイア〔訳注：イスラエル第5代首相〕の早期記憶（Bruhn & Bellow, 1987），臨床事例（Bruhn, 1984, 1985, 1990b）などである。ここでは，早期記憶の解釈プロセスを明確かつ簡略にするために考案された最新の技法を紹介する。

　認知・知覚理論は，早期記憶のなかの知覚，欲求，関心，願望，怖れ，期待，主な信念，未解決の問題に焦点を当てる。どうすれば早期記憶からこれらのデータを最も良く抽出することができるのか，実験的な試みを経て，最も確実な方法とされたのは，主題分析あるいはプレシー（precis）作業である。『ウェブスター辞典』で定義されているように，プレシーとは，要点や陳述，事実の簡潔なまとめのことである。認知・知覚理論の立場から言えば，プレシーとは，細かな尾ひれのついた記憶のなかにある基本構造，型あるいは骨組みを明らかにしようとするものである。

　セラピーを受けている若い女性の記憶を検討してみよう。彼女は，小さいときにジャングルジムから落ちたことを思い出した。

1つ目の早期記憶

　公園で遊んでいました。ジャングルジムから落ちたこと，そして家に走って帰ったことを覚えています。皆のいる前で落ちたことがすごく恥ずかしくて，その日はもう公園に戻りませんでした。（その記憶にまつわる最も鮮明なことは？）　落ちたこと，皆が私を見ていたこと。（どんなことが思い浮かびますか？）　誰も何も言わない。ただ見ているだけ。自分がばかみた

いだと思った。（その記憶のなかで最も強い感情は？）　覚えて
いるのは，人がいるところから逃げ出したかったということだ
けです。（人目が気になり，恥ずかしかったということ？）　そ
うです。

　知覚，欲求，関心，願望，怖れ，予期，主な信念，未解決の問題
に注目すると，この早期記憶の基本的な**型**は，次のようなプレシー
にまとめることができる。

　　　「私は課題達成の困難さに直面すると，恥ずかしくなり，人目
　　　を気にして，（頑張りつづけるよりも，失敗してしまうリスクを
　　　回避するために）撤退する」

　上の括弧内の内容は，はっきりと述べられたことではないが，彼
女の記憶から容易に推察することができる。この記憶における主要
な欲求は達成である（ジャングルジムを登ろうとして失敗した）。達
成という観点からすると，自分については，不適切かつ無能である
と知覚している（恥ずかしく感じ，人目が気になった）。他者につい
ての知覚は，批判的かつ非支援的というものである（無遠慮にじっ
と見ていた）。期待に関しては，達成に関わる場面では失敗してしま
うと予測しているようで，そのような状況に置かれると相当な不安
を感じることが示されている。ということは，この早期記憶は失敗
に対する強い怖れを意味している。不適切だと感じたり無能だと感
じたりした場合に用いる防衛は，主に撤退と回避である。ここから，
自信がつくまではこのクライアントが治療に取り組むのはかなり難
しいのではないかと予想される。回避的なクライアントは，問題解
決のために必要とされるリスクを冒すことを恐れる。そのため，援
助が難しくなる。極端な場合は，セラピストがリードしなければ，
怖がって自分の問題について話そうとさえしないのである。

プレシーがどのようなものかわかったところで，次にプレシーにとって意味のないことはどういうものなのか検討しよう。関心があるのは早期記憶の型なので，この段階では細部の情報は重要ではない。たとえば，早期記憶から達成できなかったことにまつわる問題や恥に直面したときの反応傾向について考えようとしている場合には，ジャングルジムから落ちたのか，それともスペリングのコンテストで1文字間違えたのかという違いはさして重要ではない。落ちたときに周りで見ていた生徒が3人だったのか33人だったのか，晴れだったのか曇りだったのか，あるいは落ちた先がアスファルトだったのか砂利だったのかなどは，プレシーに記録するうえでは重要でない。要するに，プレシーとは細かな事柄で覆い隠されている型や構造を見つけ出すこと，例えて言えば葉っぱで見えにくくなっている木の形（幹や大枝）を明らかにしようとすることである。

　ほとんどの場合，プレシーは1文か2文で足りる。次の記憶のプレシーをつくってみよう。

2つ目の早期記憶

　母が継父とデートに行こうとしたときに，一度，お尻をひどく叩かれたのを覚えています。2人は知事の就任祝賀舞踏会に行くところで，私は一緒に連れて行ってくれないことで母にすごく腹が立って，母のドレスのジッパーを引きちぎったんです（クライアントは笑う）。あれは良くなかったわね。（記憶はそこで終わりですか？）　はい。（その記憶で最も鮮明なのは？）　覚えているのは，そのときはまだ継父じゃなかったその人と母が出かけてしまうので，大泣きして，母に向かって叫び散らしていたこと。（その出来事があったときの最も強い感情は？）　自分がしたことに罪悪感を感じていたと思います。いけないことだとはわかっていました。

第3章　記憶の分析と解釈

この記憶全体のプレシーは比較的単純で，「欲しいものを手に入れるためには何でもする。たとえいけないことだとわかっていても」というものである。しかし，このクライアントは古典的な意味での社会病質者（ソシオパス）ではない。彼女の主要な欲求は所属で，自分も仲間に入れてほしいと望み，仲間外れにされたり，主なアタッチメント対象と離れたりすることが我慢できないのである。古典的な社会病質者なら人に背を向けるが，この女性は関係性の問題を抱えている。つまり親密さを求めており，仲間に入れてもらえない，安心感が得られない，大事にされている感じがしないといった苛立ちには耐えられない。この強い所属欲求に気づくと，2つ目のプレシーがはっきりしてくる。それは，「大切な人から仲間外れにされたら，その人たちの何かを駄目にして，私と同じように惨めな気持ちにさせてやる」というものである。これらの欲求が叶えられずに苛立ちを覚える自分を「良くない」と思い，自分の行動に「罪悪感」を感じることはあっても，攻撃的に向かっていく自分を抑える意思は欠けている。端的に言えば，自分に重大な問題があるとわかっていても，要求水準を下げることはなく，自分の要求に関して交渉の余地はないということである。気づきや罪悪感は，激しい怒りの表出を抑えたり，自身の要求を修正したりするには十分ではない。怒りの表出を中心とする衝動調節の問題に加え，コミュニケーションスキルが不足している（自分が欲するものを効果的に求める方法をわかっていない）可能性も考えられる。ただし，それはこの早期記憶からははっきりしない。期待に関しては，自分が除け者にされたり，拒絶されたりすると思っているようである。これは，自分は不十分だと受け止めていることを示している。要するに，この早期記憶は次のような悪循環を表している。大切な人から拒絶されると予測して，どうせ自分を拒むだろうと思われる相手を怒らせる行動をする。そして，決定的に拒否される（「お尻をひどく叩かれた」）。彼女の期待はこうして確証され，無理な要求から，拒否，怒りに任せ

た仕返し，相手を自分の思い通りにしようとする企て，そして罪悪感へと至るサイクルがさらに強固なものになる。また，所属欲求が満たされないことへの耐性の低さも示されている。すなわち，仲間に入れてもらいたいという欲求は非常に強く，この欲求が少しでも満たされないと，暴力的な反応が引き起こされるようである［▶1］。

3つ目の早期記憶には，臨床場面でよく見られる2つの問題が示されている。このクライアントのセラピストであれば，治療の開始時から意識しておきたい問題である。

3つ目の早期記憶

裏口のぬかるみでお友達と遊んでいたところを覚えています。私たちは泥を食べ物に見立てて混ぜたりして，「おままごと」をして遊んでいました。そこへ，友達のお母さんが帰る時間を知らせにやってきました。友達のお母さんは私の母親とすごく仲が良かったので，私は友達に「静かにしていたら私たちに気づかずに台所に上がって，私のお母さんとおしゃべりをするから，そうすればもっと長く遊べるよ」と言いました。すると，その通りになりました。最後には，友達のお母さんに「帰るよ」って呼ばれて，2人とも相当嫌がったのですが，Bちゃんは家に帰らなくてはなりませんでした。

この記憶の型は次のようなプレシーで表すことができる。「私は自分の望みを伝えたりしない。そうしたとしても，その頼みは拒絶されるだろうから」。

この記憶には達成欲求と所属欲求が混在しているが，後者のほう

［▶1］この記憶の事実関係について確認してみたところ，母親は，たしかにこのクライアントが扱いの難しい子どもだったことは認めた。しかし，知事の就任祝賀舞踏会やそれに似た集まりに招待された覚えはないとのことだった。この例は，多くの早期記憶が有するファンタジー的な性質をよく示している。

第3章 記憶の分析と解釈　67

が優勢である。このクライアントは，誰かの協力を当てにしないといけないときには，不信感を抱いてしまう。他者は自分の欲求には無神経だし，自分には他者を動かすだけの個人的な力が欠けている，と感じている。自分の欲求を直接伝えてもすべて拒否されると予期しているため，代わりに他者の習慣やパターンを観察し，その情報を自分の得になるように利用することを学んできた。防衛に関しては回避のパターンが見て取れるが，このパターンが繰り返され，ついには欲求の主張や自己開示の困難という問題にまで至っている。したたかなサバイバーになることによって，首尾よく自分の欲求を満たす方法を身につけ，真っ向からぶつかり合うことを避けてきた。どうしても他者に頼みこまなければならないときには，自分の頼みは拒否されるということを思い起こし，その予期が強められてしまう。興味深いことに，このクライアントは治療中にも同様の対応を示した。つまり，本当の望みを覆い隠すため援助を求める気持ちがあるのかわかりにくく，治療者としてはひどく困惑させられた。しかし，早期記憶を呈示してくれた時点で，援助者が「これまでずっと，自分が望むことをなかなか人に伝えられなかったんですね」と伝えると，秘密が明るみになったことに驚いて息をのんだ。そして，その後のセッションは実りあるものとなった。

3-2　早期記憶のなかの主要な未解決の問題を同定する

　プレシーから導き出された早期記憶の型を検討する際には，精査あるいは推論によって，未解決の問題や片づけなければいけない問題を見つけ出すことができる。ジャングルジムの記憶について検討してみよう。この記憶の型は，「私は課題達成の困難さに直面すると，恥ずかしくなり，人目を気にして，（頑張りつづけるよりも，失敗してしまうリスクを回避するために）撤退する」というものだった。未解決の問題は，ネガティブな感情（怖れ）を伴う記憶のなか

に最もはっきり表される。早期記憶のなかの感情がネガティブであるかどうかは，クライアント自身に評価をしてもらうと判断できる（EMP感情評定尺度：Bruhn, 1989b, pp.9-10）。ジャングルジムの記憶はネガティブであるばかりでなく，「課題達成の困難さに直面すると［…］撤退する」という，はっきりとした回避のパターンを含んでいる。精査すると，この早期記憶の型にはクライアントが達成に関する課題を回避していることが示されており，そのことから未解決の問題があることがわかる。そこから先は少し推論を働かせさえすれば，クライアントが抱える達成の問題にはおそらく失敗への怖れと自信の欠如が関連しているだろうと結論づけることができる。さらには，他者に対する認識（無遠慮にじっと見ていた）を考慮すると，このクライアントは困難に直面しても支えてもらったり励ましたりしてもらえないと予期しており，それが熟達に関する課題をより難しくしていることがわかる。この早期記憶1つだけから，クライアントが治療を必要とすることになった理由のみならず，（少なくとも）その直接的な原因や，問題を改善するために何ができるのかを割り出すことができる。このケースで臨床家に求められるクライアントへの支援は，不安の程度を軽減すること，自信を高めること，教師，仲間および家族からもサポートが得られるようにすることである。どのような経緯でこのクライアントが失敗を怖れ，他者を非支援的と認識するようになったのか，この早期記憶からはわからない。それは，他の早期記憶あるいは治療過程から明らかになるにちがいない。

　次に，ジッパーを引きちぎった記憶のなかにある，片づけなければいけない問題を同定してみよう。ここでの型は，「欲しいものを手に入れるためには何でもする。たといけないことだとわかっていても」（全般），または「大切な人から仲間外れにされたら，何かを台無しにして，私と同じように惨めな気持ちにさせてやる」（特定）であった。この記憶はジャングルジムの記憶と同様，ネガティブな

感情の記憶である。しかし，回避的ではない。この型に反映されているのは，撤退や回避という反応傾向ではなく，行動化のパターンである。精査すると，この記憶の型は，自分の思い通りにならないと我慢できないこと（全般）や，特に仲間に入れてもらいたいのに叶わないと耐えられないこと（特定）を示しているのがわかる。ここから結論を導くには少しばかりの推論が必要になるが，未解決の問題として考えられるのは，所属欲求を満たすためにはより社会的に適切な方法（交渉，妥協）を学ぶこと，そして，除け者にされたり拒否されたり（望ましくない結果）しないためには，それらの方法が不可欠であると受け入れることである。この記憶の型からは，このクライアントは自分でもどうしたらよいのかわからないでいることがうかがえる。それは，自分が何をしても仲間に入れてもらえないと予期しているためと思われる。もしそうであれば，セラピストは何らかの手引きをしなければならない。最も重要なのは，交渉に努めたほうが自分の利益になることをクライアントが受け入れられるように援助することである。このまま力づくの戦法を取りつづければ，ほぼ間違いなく周囲から拒絶されることになる。多くの行動化タイプのクライアントにとって，このような考えは馴染みにくいものである。というのも，力づくの行動はつねに何らかの欲求（主張攻撃欲求）を満たすことができ，さらには関係をもちはじめた段階ならプラスの結果をもたらしてくれる場合もあるためである。効果を上げている強化スケジュールに抗うことは難しい。クライアントと密接な関係にある重要な他者が，受け身のタイプ，承認を求めるタイプ，回避的なタイプである場合は，まさにこのことがセラピストにとっての難題となる。

　裏口での遊びの記憶は，未解決の問題の3つ目の例である。この記憶の型は，「私は自分の望みを伝えたりしない。そうしたとしても，その頼みは拒絶されるだろうから」というものだった。この記憶はジャングルジムの記憶と同様，ネガティブな感情の回想で，回

避的な型である。精査すると，未解決の問題は自己開示と主張性に関係していることがわかる。ここで留意すべきは，自己開示が主要な未解決の問題となっている場合には，ほぼ必然的に主張性の問題が生じるということである。つまり，自分の欲求を開示することができなければ，それらの欲求を満たしてほしいと他者に頼む（自己主張する）ことはできない。また，自己開示の問題は親密さの問題と相互に関連している。なぜならば，親密さを得るためには，自分の考え，感情，欲求の開示が必要になるからである。

以上の早期記憶に基づき，達成の課題にまつわる失敗への怖れを克服すること，社会的および情緒的な欲求，並びに仲間に入れてもらいたい，評価してもらいたいという欲求を満たすための適切な方法を見つけること，そして適切な自己開示と自己主張ができるようになること，これら異なる3つの未解決の問題を例に挙げて説明した。前述の論考の通り，ネガティブな感情を伴う記憶の多くは，未解決の問題だけでなく，何がその問題を慢性化させているのかという点についても明らかにしてくれる。早期記憶に対する認知・知覚法の適用に精通するにつれ，実にさまざまな未解決の問題に出会うことになるだろう。しかし，それらのほとんどは，信頼，安全，分離個体化，協力，自信，熟達，親密さ，理解という，限られた数のメタ問題に関連している。

3-3 　認知・知覚法を用いたEMPプロトコルの解釈──事例

次に早期記憶全体の分析を行ってみよう。ここで取り上げる早期記憶は，40代半ばの離婚歴のある女性のものである。彼女は薬物乱用，対人関係の困難，抑うつの問題のために治療を受けており，担当のセラピストが紹介してきた。問題の基底に何があるのかを明らかにしたいという目的で，EMPの実施を依頼された。このEMPを選んだのは，心理療法を受ける多くのクライアントが抑うつと人間

関係の問題を抱えるなかで，このケースは典型例と思われたからである。このプロトコルには多様な問題が表れており，その点においては突出している。ほとんどのEMPの場合，重点的に取り組むことになる関連問題はごくわずか（2つか3つ）である。

　プロトコルは表にして示す（表2）。若干削った箇所もある。表の最後には問題の概要を記している。プロトコルには，途中途中で行うEMPのプロセス解釈も載せてある。これは，口頭で得られた一連の早期記憶に対する解釈プロセス（Bruhn, 1985）に相当する方法である。

表2　40代半ばの離婚した白人女性のEMPの概要

パート I　自発的記憶	
要旨	コメント
1つ目の早期記憶 真っ暗闇で，まったく何も聞こえなかったときのことを覚えています。私はベビーベッドに寝ていて，体が痛みと熱で燃えるようです。何も見えず，何も聞こえなくて，まったくひとりきりです。誰も私に触れてくれないし，手を差し伸べません。誰もいないのです。 聞いた話なのですが，私が生後15カ月のときに風疹にかかり，目と耳に重篤な症状が出て，死にかけたそうです。	プレシー：私はひとりきりで，病気で，無力。誰もそばにいてくれない。 自己に対する認識：孤立，弱い，脆弱。 他者に対する認識：無関心，無神経，思いやりがない，助けてくれない。 主要な問題（未解決の問題）：信頼／安全感——誰も私のことを気にかけず，私の要求には応えてくれない。

要旨	コメント
この早期記憶を思い出して気づいたんですが，これまでずっと，このときの孤立感，寂しさ，恐ろしさを思い出してはほっとするということを繰り返してきたんだと思います。 最も鮮明な部分：暗闇と音のない状態。 強い感情：恐怖に身が縮む思い，誰も触れない，何も感じない。 変更：抱き上げられる，触れられる，なだめられる。 年齢：1歳半。	
2つ目の早期記憶 母と2人で居間のソファに横になってラジオを聞いていました。部屋は真っ暗でした。私は突然すごく怖くなって泣き出しました。私はひとりきりになっていて，置き去りにされてしまったのです。いくらなだめられても私は泣き止みませんでした。そして，泣きつかれて眠ってしまいました。 最も鮮明な部分：暗闇と，二度と明るくならないのではないかという思い。 感情：暗闇の恐ろしさ。	プレシー：私はひとりにされると，見捨てられ拒絶された気持ちになる。 自己に対する認識：孤立，愛されない。 他者に対する認識：（母）そばにいてくれない。 主要な問題：分離／個体化（見捨てられること）——自分は弱くて脆く，他者からの支えが非常に必要であるとみなしている。 プロセス解釈（複数の早期記憶をつなぐ心理的関連性）：2つ目の早期記憶では母はしばらくそばにいて

第3章 記憶の分析と解釈　73

要旨	コメント
変更：光と温かさがある。 年齢：3歳。	くれるが，1つ目の早期記憶ではそうではない。2つ目の早期記憶では，クライアントは，欲求や怖れといった自分が抱える問題は他者にはどうしようもないぐらい大きすぎる，と認めているように思われる。2つの早期記憶に関連しているのは，見捨てられることへの懸念である。
3つ目の早期記憶 私は罰としてクローゼットに閉じ込められました。叔母さんに向かって石を投げたのです。父は，私を叩き，腕をつかみながら，私がいかに悪い子で罰せられなければならないかと怒鳴りながら言いました。「そんなに悪い子だと，誰もおまえと一緒にいたがらないぞ」。そして，父は私をクローゼットに閉じ込めて，長い間放っておきました。 最も鮮明な部分：暗闇と音のしない状態。 感情：拒絶され，自分には価値がなく，見捨てられたという気持ち。 変更：悪い子だったときに閉じ込められたりしない。 年齢：5歳。	プレシー：怒りを行動に表すと，厳しく罰せられる。 自己に対する認識：良い人ではない（怒っていたし，ひどく罰せられたから）。 他者に対する認識：（父）厳しく，拒絶的。 主要な問題：(1) 衝動制御／怒りの問題，(2) 分離個体化（再度，見捨てられること）。 プロセス解釈：1つ目の早期記憶と早期記憶に示されていた遺棄に対し，3つ目の早期記憶では（逆効果をもたらす形で）怒りが表され，余計に拒絶され，見捨てられることになっている。

要旨	コメント
4つ目の早期記憶 父と私は，病院へ妹とお母さんを迎えに行きました。妹ができて楽しみでしたが，自分の部屋を半分とられるのが少し嫌でした。父は私のダブルベッドを片づけて小さなシングルベッドに取り換え，部屋にベビーベッドを入れました。父は，場所がないので私のおもちゃは屋根裏に持っていくと言いました。赤ちゃんにスペースが必要だというのです。私は腹が立ちました。不満を漏らしたところ，わがままだと言われました。そして，これ以上不平を言うようなら，おまえの部屋は全部赤ちゃんが使うようにするから地下室へ行けと言われました。 最も鮮明な部分：自分の場所を失い，取って代わられたこと。 感情：拒絶された気持ちと赤ちゃんに対する怒り。妹は欲しくなかった。 変更：自分の部屋を独り占めする。 年齢：7歳。	プレシー：（特定）妹に負かされ，取って代わられ，脇に押しやられた。（全般）人間関係のなかで押しのけられ，脅かされたと感じてその気持ちを表しても，共感してもらえないし，思いやりも得られない。 自己に対する認識：要求が多い。注目されていないし，安全感が得られず，世話をしてもらえない。 他者に対する認識：（父）思いやりがない，厳しい，無情。 主要な問題：（1）新しいきょうだいに対する競争意識／嫉妬，（2）共有，協力。 プロセス解釈：遺棄と厳しすぎる罰に対する怒りの表出（3つ目の早期記憶）のせいで，またもや押しのけられ，見捨てられ，拒絶される結果を招いている。
5つ目の早期記憶 近所の家に夜までずっといました。夏のことで，私はGさんの家に泊ま	プレシー：ユダヤ人であることで拒絶された。

第3章 記憶の分析と解釈　75

要旨	コメント
るのが大好きでした。Gさんのところには，女の子5人と男の子1人，全部で6人の子どもがいて，いつもとても楽しかったのです。家のなかは絶えずにぎやかで，たくさんの人でいっぱいでした。夕飯を食べることになっていたのですが，Gさんのおばあさんは私にこう言いました。「Sはおうちに帰って食事にしたほうがいいわね。夕飯にハムを温めているのよ。ユダヤ人はハムを食べないでしょう」。 最も鮮明な部分：おばあさんから家に帰るように言われたとき，自分は人と違っていて，嫌われている気がした。 感情：拒絶，居場所のなさ。 変更：ただ自分でいるだけで好かれる。 年齢：11歳。	自己に対する認識：違っている／好かれない。 他者に対する認識：（近所の子のおばあさん）拒絶的。 主要な問題：容認。 プロセス解釈：妹に押しのけられ，両親から拒絶された（4つ目の早期記憶）ことから，家族以外の人に受け入れてもらおうとするが，今度はユダヤ人という理由で再び拒絶される。 集団記憶：自分自身をユダヤ人とみなしている（Bruhn, 1990b：集団記憶とその機能についての考察）。
6つ目の記憶（生まれてから現在に至るまでの間の，特に鮮明または重要な記憶） 海外で2年過ごした後に帰国したときは，アメリカに戻ったことがうれしかった。新しい仕事を始めるためにD市に引っ越すことになって，そ	プレシー：（やっと容認と愛を見つけたと思った後で）夫が私を捨てた。 自己に対する認識：拒絶される，見捨てられる。 他者に対する認識：（元夫）悪質，うそつき，不誠実。

要旨	コメント
の前に1カ月半休めるのでうきうきしていたし，M（私の夫）とP（飼い犬）のいる自宅に戻れることは幸せでした。友達に会うことも楽しみにしていました。飛行機に乗っている間は，心のなかでこの2年間の大隊でのたくさんの素晴らしい経験を振り返り，思い出していました。そして，飛行機に乗り込むたった数時間前に行われた司令官交代式がよみがえってきて，複雑な気持ちになりました。 その後，自宅の玄関に入って2時間もしないうちに，私の世界は砕け散りました。結婚生活は終焉していたのです。2人の貯金は使い果たされ，多額の借金があることがわかりました。世界が幕を閉じたように感じました。 最も鮮明な部分：とても良い気分，その後にとてもつらい気持ち。いいように利用され，騙され，裏切られた気持ち。 感情：拒絶，屈辱，見捨てられた感じ。 変更：役立たずの感じ，見捨てられた感じを，すべて自分の胸のなかにしまっておく。何カ月か経って	主要な問題：容認。 プロセス解釈：ユダヤ人であることで拒絶された（5つ目の早期記憶）後，それでも結婚をして幸せだった。けれど，ついに夫（男性）に拒絶された。 コメント：ここまでの記憶から，どうして彼女が自分は拒絶されていると考えているのか，その根拠を査定できるように思われる。

第3章 記憶の分析と解釈　77

要旨	コメント
から，自分を責めるのをやめ，怒るようになり，自分を大切にしはじめる。 年齢：45歳	

評定尺度のまとめ

	心地よさ：7件法	鮮明さ：5件法
1つ目の早期記憶	2＝中程度にネガティブ	2＝あまり鮮明でない
2つ目の早期記憶	1＝大変ネガティブ	3＝中程度に鮮明
3つ目の早期記憶	1＝大変ネガティブ	4＝鮮明
4つ目の早期記憶	2＝中程度にネガティブ	5＝とても鮮明
5つ目の早期記憶	2＝中程度にネガティブ	4＝鮮明
6つ目の記憶	1＝大変ネガティブ	5＝とても鮮明

意味のある記憶の順位づけ

1. 最も意味がある　　　：4つ目の早期記憶
2. 次に意味がある　　　：3つ目の早期記憶
3. その次に意味がある：2つ目の早期記憶

Q：子ども時代の全体験のなかからこれらの記憶を思い出したのはどうしてだと思いますか？
A：すべてネガティブなもので，これらすべての記憶のなかで私は拒絶されていたから。

評定尺度のデータの解釈

　最も鮮明な早期記憶（5件法の5点）は，最も意味のある記憶であることが多い。特に鮮明な記憶には現在の最も重要な問題が示されているため，その記憶にはその分，心的エネルギーが必要とされる。そのような早期記憶にはスポットライトが当てられていると考えてよいだろう。

最も鮮明な記憶が同時に大変ポジティブ（7件法の7点）でもある場合は，強い欲求や願望が満たされてきたことを示唆している。そして，この欲求は，その人にとって現在最も重要なものである可能性が高い。そのような記憶には，「これはあなたが最も必要とすることで，こうすればその欲求は満たされる」という，自分宛のメッセージや注意喚起の言葉が含まれている。最も鮮明な記憶が大変ネガティブ（7件法の1点）である場合は，主要な問題への取り組みが今行われており，その人はこの問題を乗り越えようと奮闘していることを示している。

　このプロトコルでは，4つ目の早期記憶と6つ目の記憶の2つが鮮明さ5点（5件法尺度）と評価された。クライアントは4つ目の早期記憶を最も意味がある記憶としているが，それはこの記憶の重要さを示すまた別の証拠となっている。どちらの記憶も大変ネガティブ（7件法尺度の2点と1点）であることから，それらは現在対処中の主要な問題を示している。4つ目の早期記憶と6つ目の記憶には，拒絶（6つ目の記憶）または拒絶されているという認識（4つ目の早期記憶）が共通して含まれている。拒絶されることへのとらわれがあるので，このクライアントが関係を築き，その関係をうまく機能させるための活力と自信をもっているのかどうか，疑問がもたれる。このクライアントの主要な問題には，「自分に何らかの問題があり，そのために拒絶される」という不適応的な自己概念が関係しているようである。このような自己認識があると，情緒的に意味のある人間関係から撤退し，最終的に，抑うつの症状を呈することになりやすい。

　パートⅠの自発的記憶から何か重要なことが漏れていないかどうかを判断するには，方向づけられた記憶が必要となる。方向づけられた記憶は全部で15個ある。このなかに述べられることは，自発的な記憶から収集された情報を膨らませてくれる。

第3章 記憶の分析と解釈

パートⅡ　方向づけられた記憶	
要旨	コメント
学校（幼稚園・保育園を含む）の最初の記憶 幼稚園のときに着ていた，赤い格子柄の新しいワンピースを，休み時間に破ってしまって泣き出しました。「どうしてちゃんと注意しないの」といって母はカンカンに怒り，お尻を叩くだろうと思いました。私が家に帰るのを嫌がっていたので，先生が母に連絡しました。母は私を迎えに学校まで歩いてこなければならず，すごく怒っていました。家に帰るまでの間ずっと，母は拾った小枝で私の脚の後ろを打ちつづけました。 最も鮮明な部分：小枝が振られ，打たれたこと。 感情：新しいワンピースがとても誇らしくて，それを破ってしまった自分にとても腹が立った。罰を与えられて当然だと思っていた。 変更：ワンピースを破らない。 年齢：5歳半。	プレシー：失敗したら，ひどく怒られ厳しい罰を受けるものだ。 自己に対する認識：回避的で怯えている。 他者に対する認識：（母）批判的，要求が多い，厳しい，容赦ない（母親の記憶も参照）。 主要な問題：（1）自分が間違いを犯すこともあるということ（可謬性）を受け入れる，（2）自己開示。 プロセス解釈：探針の侵入的性質（例：トラウマの記憶）のため，通常は方向づけられた記憶ではプロセス解釈は推奨していない。 コメント：達成が課題となる状況において，クライアントは間違えることを心配し，そのようなことが起きたときには重要な他者に対して怖れを抱き，回避的になる。

要旨	コメント
罰の最初の記憶 母とひどい口論をしました（何については覚えていません）。お互いに怒鳴りあって，母は，お父さんが帰ってお仕置きをするから，それまで部屋に閉じ込めておくと脅しました（母が自分でお尻を叩くことはなく，いつも父にやらせていました）。私は扱いにくい，反抗的で，生意気な子でしたから，「そうはさせない，言うことなんて聞かないから」と嘲りました。母は怒ってほうきを手に取り，私を叩こうとしました。私はほうきを奪ってそれで母を叩き，家から飛び出しました。 午後9時くらいまで外で過ごした後，家に忍び込みました。すると，父が待ち構えていて，私をつかんで，口を石けんで洗ってやるといってバスルームに連れて行きました。私は抵抗しようとしましたが，父はベルトで私を叩きはじめました。私はバスルームに引きずり込まれ，口のなかに石けんを突っ込まれました。吐き出させてくれなくて，吐こうとするたびに叩かれました。 最も鮮明な部分：石けんを食べたこ	プレシー：権威に盾突いたり，反抗心を態度に表したりすれば，容赦のない扱いを受けるのが当然だ（3つ目の早期記憶参照）。 自己に対する認識：挑発的，反抗的。 他者に対する認識：（父）容赦ない，厳しい，冷酷。 主要な問題：権威の受容。 コメント：この記憶の型は3つ目の早期記憶のものと同じである。どちらの記憶でも，クライアントは挑発的に振る舞い，その結果，傷つき感，怒り，拒絶された感じ，見捨てられた気持ちを抱き，最終的には，悲惨な思いをしたのは自分のせいだと思っている。

第3章 記憶の分析と解釈

要旨	コメント
と，舌と歯茎が焼けるように痛かったこと。 感情：母と父が大嫌いで，私がされたのと同じぐらい2人を痛い目に遭わせることができたらいいのに，と思っていた。 変更：2人をあんなに怒らせたりしない。 年齢：11歳。	
きょうだいの最初の記憶 サマーキャンプに行くところでした。日曜の午後，母，父，妹のS，私の全員で車に乗っていました。私は，キャンプ初日の夕食用のお弁当を持っていました。すると，Sが私のお弁当から何か欲しいとせがみはじめました。しばらくすると，根負けした母が私のサンドイッチを半分Sにあげて，その後，クッキーもやりました。私はすごく腹が立ち，キャンプ場に着いたときにはお弁当を持っていくことを拒みました。そして，母が無理に持たせようとしたときには，「こんなのいらない。全部Sにあげちゃえばいい。いつだってSは何でももらえるんだから」と言って，お弁当を地面に投げつけてしまいました。	プレシー：（特定）本当は私のものなのに妹はそれを手に入れ，私よりひいきされている。だから，私は妹に腹が立つ（4つ目の早期記憶参照）。（全般）他者に私の権利意識を脅かされると，私は激怒する。 自己に対する認識：嫉妬，恨み，家族内の自分の立場に安心できていない。 他者に対する認識：（S）試し行動，要求が多い。 主要な問題：自分の価値や権利について安心感を得ること。

要旨	コメント
最も鮮明な部分：お弁当の残りを地面に投げて，それを蹴ったところ。 感情：Sに対する強い怒りと，私の楽しい時間（キャンプに行く）に割り込んできたことを恨む気持ち。 変更：妹に対してそこまで度を越した嫉妬心をもたない。 年齢：9歳。	
家族の最初の記憶 母，父，妹，私，叔母のB（私の4歳上で，お父さんの妹）は，家族旅行で釣りに出かけました。家族ですることに父がいつもBを誘うのが，とても嫌でした。Bの両親は高齢で，Bがいつもひとりきりでいたので，父はBをかわいそうだと思っていました。私は父と一緒のボートに乗りたかったのですが，父にダメだと言われました。	プレシー：きょうだいの最初の記憶とほぼ同じ。 コメント：このように前と同じパターンの記憶は，それが繰り返されているという点で，非常に重要な問題であることを示している。繰り返すことで，クライアントは「どんなに大切か見てください」と教えてくれている。
母親の記憶 良くないことをした私を父がベルトで叩いても，母は一切私を助けてくれませんでしたが，そういうときのことは全部覚えています。そのなかでも特に覚えているのは，お店に行った帰りに1ドル札を失くしたと	プレシー：（全般）失敗をしたときには厳しい扱いを受けて（罰せられて）当然だと思う（注記：クライアントがどういうつもりだったのかは考慮されず，たとえ失敗が小さなものであったとしても厳しく

第3章 記憶の分析と解釈　83

要旨	コメント
きのことです。父はひどく腹を立て，私をベルトで打ちはじめました。私は母に助けを求めて，「わざとじゃないの，お母さん，わざとやったんじゃないの，助けて！」と叫びました。母は顔をそむけてトイレに行ってしまい，お仕置きは続きました。 最も鮮明な部分：ベルトが背中に命中するところ。 感情：無力で孤独。 変更：お金を失くさない。 年齢：8歳。	罰せられる）。（特定）母の保護や支援を当てにすることはできない。 自己に対する認識：頼りにならない。 他者に対する認識：（父）罰を与える，容赦ない，理不尽。（母）思いやりがない，私を守ろうとしない。 主要な問題：自らの可謬性を受容し，他者が自分を適正に扱ってくれることを信用する。 コメント：学校の最初の記憶で見られた型と比較すると，2つはほぼ同一である。
父親の記憶 部屋を片づけなかったのか，庭の芝刈りをしなかったのか，私は何か悪いことをしてしまいました。父からは，罰として土曜日の親友の誕生日会に行ってはいけないと言われました。私はひどく腹が立って，父に向かって，「そんなのおかしい。お父さんなんて大嫌いだ」と怒鳴りました。父は怒って私をぶち，それから何度も叩きつづけました。私が「痛くなんかないわよ！」と嘲ると，父は，「お前には他の人と一緒にいる資格はないから，週末はずっとひとりで部屋にいなさい」と言いました。私は	プレシー：何か間違ったことをして罰せられたり，叱られたりしたとき，腹を立て，自分を叱った権威ある人を挑発して怒らせる（3つ目の早期記憶を参照）。 自己に対する認識：態度に表す，反抗的，挑戦的（注記：男性の権威のある人に挑戦，挑発する傾向）。 他者に対する認識：（父）罰を与える，容赦ない，冷酷。 主要な問題：（1）協力し，権威に敬意を表することを学ぶ。（2）怒りを適切に扱えるようになる。 コメント：振り返ってみると，クラ

要旨	コメント
本当に腹が立ちました。父がドアに鍵をかけていなくなった後，私はベッドにうつぶせに倒れ込み，足をバタバタさせたり，枕に顔をうずめて叫んだり泣いたりしました。他の子がしていたようなことは何もさせてもらえなくて，そういうことが本当に嫌だった。土曜日も日曜日もひとりきりで部屋にいて，月曜の朝にやっと母が来て，私を部屋から出してくれました。私はとにかく逃げ出したかったので，その通りのことをしました。つまり，学校へ行ったのです。 最も鮮明な部分：部屋に閉じ込めた父にすごく腹が立ったこと。誕生日会に行けなかったこと。 感情：愛されず，拒絶された感じ。 変更：父を怒らせないようにする。 年齢：10歳。	イアントはひとりぼっちになることについてはすでに1つ目の早期記憶と2つ目の早期記憶で描き出し，自分は「他の人と一緒にいる資格はない」（内在化された父の言葉）という意味づけをしていたことがわかる。
素晴らしいと思う人の記憶 大学3年生のとき，大学の歴史／政治学科に，中国・日本を専門にする女性のT教授がいました。私は先生の極東の歴史の授業を取っていて，先生が特に高い関心を寄せていた日本の明治維新に関する特別研究のレポートを書きました。私は先生に憧	プレシー：賞賛されること，特に他者の前で褒められることは，私の自尊心に多大な影響を与える。 自己に対する認識：歴史学者として学術的な能力がある。 他者に対する認識：（先生）自分の業績を認めてくれる。

第3章 記憶の分析と解釈

要旨	コメント
れ，本当に素晴らしい人だと思い，全力でレポートに取り組みました。先生はクラス全員の前で私のレポートを褒め，投稿してもよいかと聞いてきました。その後，そのレポートは学術雑誌に掲載されました。先生は本の執筆のために行っている研究を手伝ってほしいと言い，中国の専門家によるセミナーのための夏季奨学金をもらえるよう支援してくれました。私は誇りと自尊心で胸がいっぱいでした。私は好かれ，評価されていました。 最も鮮明な部分：先生からの賞賛を聞いているところ。 感情：良い気分，幸せ。私には価値があり，認められているという感じ。先生の授業は全部履修し，その後の2年間，先生のもとで3件の研究をしました。後になって，少し利用されているような気にもなりましたが，それでも，前にもらった評価を証明できたという思いがしていました。 年齢：20歳。	主要な問題：ポジティブな感情の記憶が表しているのは主要な未解決の問題ではなく，主要な欲求を満足させる方法である。ここに表れている欲求は，認められることと正しく評価されることである。
一番幸せな記憶 4カ月に及んだ陸軍士官基礎訓練を	プレシー：父に満足してもらえると，

要旨	コメント
修了するときのことです。入隊する前に両親には相談はしませんでした。大学院を退学し，教師の仕事を辞め，助教採用の話も断って陸軍に入隊しました。その後で両親に伝えたので，両親はよく思っていませんでした。訓練中は両親とほとんど連絡を取りませんでしたが，卒業式の案内は送りました。そうすると，驚いたことに，2人が私の卒業式に来てくれました。同期の192人の士官のなかで，私は首席で卒業しました。2人がわざわざ見にきてくれたことがとてもうれしく，誇らしかったです。父が私の卒業式に出席したのはこれが初めてのことでした。高校のときも，大学のときも，大学院のときも来てくれなかったのです。でも，そのときはわざわざ来てくれて，私がベトナムへの派兵に志願したことを誇りに思うと話してくれました。 最も鮮明な部分：壇上を歩き，卒業証書を受け取り，陸軍初の女性の総督，H総督に敬礼をした。 感情：父に満足してもらえるようなことがやっとできて，すごく誇らしかった。 変更：このままでとても良かったの	私は誇らしく思える。 自己に対する認識：訓練の場において有能である。 他者に対する認識：（父）私を誇りに思っている。 主要な問題：これはポジティブな感情の記憶なので，未解決の問題は含まれていない。主要な欲求は，承認，受容，正当に評価されること。 コメント：成長過程で体験してきた多くの体罰や，父親から軽蔑され，拒絶されてきたという感覚を相殺してくれるという意味で，この記憶は感情面での釣り合い重りとして機能しているようだ。この記憶は，ついに父親の「審査に合格」したんだと，自分に言い聞かせてくれている。

第3章 記憶の分析と解釈

要旨	コメント
で，変更はなし。 年齢：26歳。	

トラウマの記憶 私は海外派遣された大隊の指揮官として，1,100人の兵士を預かっていました。自由世界での最大規模の軍事演習を行っていて，大隊は24時間体制で配置され，作戦行動を取っているところでした。私がテントで寝ていると，午前1時30分に起こされました。派兵されてきて1カ月の19歳の兵士がたった今，バイクで現地の男性を轢き殺してしまったのでした。私は大急ぎで着替え，警察署へ駆けつけました。兵士はものすごく動揺していて，一緒にいた他の2人の兵士が落ち着かせようとしていました。私はちょうど現場を見てきたのですが，道の至るところに血痕や脳，肉片が広がっていました。現地警察は身柄の引き渡しを拒否し，兵士は留置所に入れられました。その若者は怯えきって，恐怖でおかしくなっていました。彼には18歳の妻と2カ月の赤ちゃんがいました。彼は家族にはもう二度と会えないと思っていました。私は彼が背負ったものを軽くすることができず，恐怖を止めてあ	プレシー：自分が責任を負っている人がミスをしたら，自分の力不足を感じ，罪悪感を抱く。 自己に対する認識：力不足，非難に値する，能力に欠ける。 他者に対する認識：（兵士）脆弱，依存的。 主要な問題：熟達。間違いがひとつも起きないように有能に遂行する（原文のまま）。 コメント：このような状況下なら，すべての当事者のことを気の毒に思うだろう。しかし，注目すべきなのは，事故に関する彼女個人の責任はごくわずかしかなかったのに，自分を責めているという点である。自分に対する厳しさは，父親が彼女に対して見せた厳しさ（厳格な罰）を受け継いだもののように思われる。つまり，クライアントが何か間違いをしたときに父親が彼女を身体的に虐待したように，何かうまくいかないことがあると，彼女は自分を情緒的に虐待するのである。この記憶は，最も

要旨	コメント
げることもできず，自分がとても無力に感じました。声をかけて励まし，身柄が引き渡されるまで誰かをずっと付き添わせることぐらいしかできませんでした。 最も鮮明な部分：高速道路上の遺体，兵士がすっかり怯えていたこと，彼が深い自責の念に駆られていたこと。 感情：この若者をこのような状況に置かせてしまったことに対する自分の力不足や責任，事態をどうすることもできない無力感。 変更：安全対策と指導監督を強化して事故を防いだ。 年齢：44歳。	恐れていた仮説が当たっていることを示している。すなわち，彼女に対する父親の態度として受け止めてきたものを，彼女は内在化してしまっていると考えられる。
両親のけんかや口論の記憶 夕食中に，両親が言い争いを始めました。父は仕事から帰宅するのが遅くなったのに，電話もせず，そのため食事が全部冷めてしまいました。母が父に向かって本当に配慮がないといって声を荒げると，それからは2人の怒鳴り合いになりました。食事後，母は食器を洗い，私がそれを拭いていました。母と父はまだ大声を上げて喧嘩していました。すると	プレシー：取るに足らないごく些細なことが喧嘩の引き金になり，それが生死に関わる争いにまでエスカレートすることがある。 自己に対する認識：脆弱，被害を受ける。 他者に対する認識：（父）配慮がない，暴君的，攻撃的，いじめる，抑えきれない。（母）感謝されていない，被害を受ける。

第3章 記憶の分析と解釈

要旨	コメント
突然父が居間から台所へ飛び込んできて，母に黙れと怒鳴り，殴りかかろうとしました。母は怖がってグラスを父に投げつけました。私は流し台の脇，地下室のドアの前に立っていました。父は屈んでグラスをよけると，台所のテーブルから肉切り包丁をつかんで，母に投げつけました。包丁は母には当たらず，私と母の間を飛んで，地下室のドアに突き刺さりました。私は泣き叫び，父に向かって「お母さんを叩かないで。私も叩かないで。あっちへ行って」と言いました。でも，父は母と私を叩きました。私はテーブルの下に潜り込み，外に逃げました。 最も鮮明な部分：包丁が地下室のドアに刺さっているところ。 感情：何事につけ，いつもぶち壊しにしてしまう父に対する嫌悪感。 解決：私は祖父母の家に逃げて，その夜はずっとそこにいました。父は母に暴力を振るっていました。	主要な問題：争いや怒りの感情の適切な扱い方を学ぶこと。
自分を恥じた出来事の記憶 おばさん，おじさん，そして2人のいとこを訪ねてM市へ行ったときのことでした。いとこの1人は私と同	プレシー：どうすればいいのかわかっていたのに，友達から拒絶されることを恐れて，悪いことをした。

要旨	コメント
じ年で、もう1人は3歳年上でした。2人は私を近所のスーパーに連れて行き、お菓子を万引きするところを見せてやると言いました。しょっちゅう万引きしているけれど、一度も捕まったことがないと自慢げに話していました。店に入ると、Cと私は店の入り口のあたりでいろいろ見ながら、わいわい騒いでいました。その後、店を出ました。Dも店から出てくると、ポケットに入れていたキャンディ、ガム、小刀などを取り出しました。いとこの2人は笑いながら、店から何か盗んで来いと私をけしかけてきました。できなければ弱虫だと言うのです。私はやりたくありませんでしたが、やらないと2人に気に入ってもらえないと思い、店に行ってガム1個をポケットに入れ、走って逃げました。でも、店主に捕まって店内に引きずり戻され、なんて悪い奴だといって大声で叱られました。 最も鮮明な部分：腕をつかまれ、捕まったこと。 感情：本当に自分が恥ずかしくて、DとCの話に乗ってしまった自分に腹が立った。	自己に対する認識：拒絶に対する傷つきやすさ、不安。 他者に対する認識：（仲間）罪の意識が欠けている、要求を押しつける。（権威のある男性）批判的、拒絶的。 主要な問題：受容。

第3章 記憶の分析と解釈

要旨	コメント
変更：とにかく嫌だと言う。やりたくないと言って，2人が自分をどう思おうと気にしない。 年齢：7歳。	
身体的あるいは情緒的に虐待された記憶 子どものとき，よく身体的な虐待を受けました。ベルトでひどく打たれすぎて翌日学校に行けなくなったことが，何度もありました。ほかによくあったのは口を石けんで洗われることですが，実際には固形石けんを食べさせられたので，舌や口のなかが痛くなったり潰瘍ができたりして，その後何日も食べたり飲み込んだりするのが大変でした。 そういう出来事の記憶のうち，最後のほうのものですが，高校2年生のときのことです。何が引き金になったのか思い出せませんが，両親と口論になりました。私がお金を出してほしいと言っていたのは覚えています。父と私は大声でやりあっていて，父は「永久に外出禁止だ，学校のディベート部やテニス部の遠征にも二度と行かせない」と脅してきました。怒りが頂点に達した私は，思い切り悪態をつき，父に殴りかかって	プレシー：父に何かを求めても，父から否定されることが多かった。私はそれがとても不満で腹が立つので，悪態をつく。そうすると，父は報復として身体的虐待をする（罪の最初の記憶，父親の記憶を参照）。 自己に対する認識：不満なときには悪態をつく，身体的虐待を受けて当然（自責），欲求不満に耐えられずに感情を爆発させたり，自己破壊的な行動をしたりしてしまう。 他者に対する認識：（父）盾突いたり，怒らせたりすると，身体的なひどい虐待をするし，そのような状況では抑制力や冷静な判断力を失ってしまう。 世界に対する認識：容赦がない，罰を与える。 主要な問題：(1) 欲求不満耐性，(2) 争いの解決，(3) 自分の怒りの適切な対処。

要旨	コメント
いきました。父は拳で私を力いっぱい殴り，私は壁に叩きつけられました。そして私をつかんで，ベルトのバックルがついているほうで，私の頭，腕，胴体，あらゆるところを打ちました。私は床にうずくまり，体を丸めていましたが，そのうちに気絶してしまいました。気がついたときにはベッドに横になっていて，身体のあちこちが痛みました。腕や体の傷を触ってみましたが，皮膚はところどころミミズ腫れになっていて，左目の上の切り傷からは血が滲んでいました。呆然としてしまいました。その後，こんな姿を見られるのが恥ずかしくて，学校を3日休みました。特に体育の授業やテニスの練習ではひどい姿が皆の目に入ってしまうので，嫌でした。 最も鮮明な部分：ベルトのバックル。銀製で，トルコ石でできた鷹がついていた。 感情：深い，深い恥の気持ち。逃げ出して，姿をくらまし，死んでしまえたらいいと思っていた。 変更：私が怒りを爆発させず，父をあんなに怒らせない。 年齢：15歳。	コメント：3つ目の早期記憶で虐待の可能性が匂わされていたが，このことは方向づけした記憶を尋ねるまでは完全には明らかになっていなかった。深刻な身体的虐待の過去があるようで，これについてはセラピーで扱う必要がある。注目すべきことに，クライアントはこの出来事に関して自分を責め，怒りを自身に向け，自尊心が損なわれている。これは，子どものときに虐待を受けた人にはよく見られるパターンである。

第3章 記憶の分析と解釈　93

要旨	コメント
空想の記憶	プレシー：競争に勝ち抜くことや成功することによって，自分を拒絶する人々に対する怒りや反抗心を示す。
「家族の誰よりも優秀に，裕福になって，成功する。私への仕打ち，ひどい扱いを後悔させる。家族にわからせてやる，皆に目にもの見せてやる」。長年，これを何百回も頭のなかで想像してきました。シナリオはいろいろあるけれど，最後は皆同じ結末になります。罰を受けた後，暗い自分の部屋で横になりながら，逃げ出して，大人になって成功するまで戻らないようにするための詳細な計画を立てました。10歳くらいのときから終わりのない物語を書きはじめたのですが，そのなかには，他の人を救い，大発見をし，すごくお金をもらって，尊敬されるヒーローが，いつも登場していました。 高校2年から3年の間は，書くことが毎日の現実生活からの逃避になっていました。大作家になる将来を空想したりしました。びっしり日記を綴っていましたが，誰にも話せなかった感情をそこにぶちまけていました。私はヒーローで，称賛され愛されている。世界に影響を与える，重要な存在である私。誰も私を傷つけることはできない。それを皆にわからせてやるんだって思っていました。	自己の認識：熟達する，反抗を表現する。 他者の認識：自分に辛く当たる，拒絶的。 主要な問題：受容（称賛）。

要旨	コメント
小さいときも，10代になっても，私は想像上の登場人物と自分とを重ね合わせながら生きていました。そうして夢をもちつづけていれば，誰も私に危害を加えたり，傷つけたりはできない。だから私には誰も必要ありませんでした。	
あなたの記憶の解釈 取り組む気持ちになれなかった。	

質問票（抜粋）

2．現在，治療や心理療法を受けていますか？

　　はい。

「はい」の場合，簡単に理由を書いてください。

　　　人間関係が難しく感じます。人と親密にならないようにしています。拒絶されたり見捨てられたりすることが心配です。自尊心が低くて，どんな場面でもほとんど，自分は無能だ，好かれない，愛されない人間だと感じます。

治療を受けることになった理由とここに書いた記憶には何か関連があると思いますか？

　　　私は繰り返し拒絶され，罰せられ，すべて私が勝手にやったことのせいだと思わされていました。悪いのは私で，だから当然の報いを受けていただけだ，というふうに。

4．EMPから自分についてどの程度学べたと思いますか？

　　かなり多く学べた（5件法で5点）。

5. ほかにも心理テストを受けたことがある場合，そのテストに比べて今回のテストでは，自分についてどの程度学べましたか？

　多く学べた（5件法で4点）。

6. この検査をすべて終わらせるのにどれくらいかかりましたか？

　約8時間。

9. EMPを受けてみた感想がほかに何かあれば教えてください。

　どれも書くのがとても大変でした。はじめに記入用紙に目を通したときは，10代より前の子ども時代のことはあまり思い出せませんでした。ゆっくりと，何週間かかけてその頃のことを振り返り，どうにか思い出しました。

問題のまとめ（登場順——次項の「問題の統合」に用いる）

1. 信頼，安心感。欲求を満たしてほしい，なだめてほしい，慰めてほしいなどと望んでも，誰も自分のことは気にかけてくれないと思っている（1つ目の早期記憶）。

2. 分離個体化。弱く，傷つきやすく，支えが必要だと感じている（2つ目と3つ目の早期記憶）。

3. 衝動，特に怒りの表出の抑制（3つ目の早期記憶）。

4. 嫉妬。幼い妹や父の妹に取って代わられ，負かされてしまうと思っている（4つ目の早期記憶，きょうだいの最初の記憶，家族の最初の記憶）。

5. 共有と協力。クライアントは自分の立場を脅かされていると感じ，安心感がもてないため，この課題が難しくなっている（4つ目の早期記憶，家族の最初の記憶）。

6. 受容。クライアントは受容された経験がとても少なく，受容されるためにはどう行動すればよいのかわからなくて，拒絶に対して神経過敏になっている。ユダヤ人であること（集団記憶）も少なからず影響していると感じている（5つ目の早期記憶，6つ目の記憶，自分を恥じた出来事の記憶，空想の記憶）。

7. 自身の可謬性を受け入れる（学校の最初の記憶，母親の記憶，トラウマ

の記憶）。

8. 自己開示（学校の最初の記憶）。

9. 権威の受容（罰の最初の記憶，父親の記憶）。

問題の統合

　この女性は，自分は愛されていない，高く評価されていない，重要でない，特別な存在ではない，と思っている。妹に人気をさらわれ，負かされたと受け止め，その結果，拒絶され，見捨てられ，押しのけられたように感じている。これと同様の力動は現在も対人関係のなかで作用している。まさに結婚生活でそうなったように，自分は拒絶され，見捨てられ，押しのけられるだろうと予期している。この力動が作用しているときには激しい怒りの感情が引き出され，それは挑発的かつ反抗的な方法，さらには逆効果を招くような形で表出されやすい。こうした行動は，多くの場合，重要な他者を激怒させ，かえって罪をかぶせられたり，拒絶されたり，見捨てられたりすることになってしまう。このような反応があると，それは彼女の知覚を裏づける決定打となり，自分は愛されず，重要ではないという思いをさらに強め，最終的には失望が残される。この力動はクライアントのもつ否定的な期待を立証し，愛されたい，評価されたいという欲求の実現を阻むことになる。

　このパターンが生じないようにするためには，どんなときも有能さを発揮して完璧にやり遂げなければならない，というクライアントの信念が，さらに問題を複雑にしているのである。この信念は，内的に大きな緊張と不安を生み出す。また，他者が彼女に何かを期待するだろうと思うと，そのことに憤りを感じてしまうので，他者からすれば彼女と関係をもちにくくなる。

　このパターンがあると，物質濫用に走りやすくなる。それは，物質濫用によって，怒りや緊張が和らげられるからである。また，失敗した，認めてもらえなかったと感じるたびに生じる，拒絶されるだろうという思いや抑うつ感が，一時的に緩和されるためでもある。

クライアントが当初セラピストに求めていたことと治療に必要なこと

1. 支えや安心感を与えてくれて，権威者は脆弱な状態にいる私を見放すだ

第3章 記憶の分析と解釈

ろうという予期を弱めてくれることを，セラピストに求めている。この点からすると，物質乱用の問題に対する補助的な支援として，AA（アルコホリクス・アノニマス）を利用するとよい。

2. 情緒的な安定，一貫性，受容を提供し，これまで権威ある人々から受けてきた批判，非難，拒絶などの経験を相殺してくれる存在。

3. 争いの場面や激しい怒りが湧き上がったときの，より適切な対処法を教えてくれる存在。

4. 失敗したと感じたときにいかに自分自身を罰しているか，そしてそのためにアルコールがどのような役割を果たしているのかを理解できるよう，支援してくれる存在。同時に，「失敗」体験を新たな見方で捉え直す方法（たとえば，自尊心の欠如を裏づけるというやり方ではなく，経験から学ぶというやり方）を見つけ出すことも大切である。アラノン〔訳注：アルコール依存の問題をもつ人と家族のための自助グループ〕に参加すると，自分がどうしてアルコール依存者的な考え方を身につけるようになったのかを理解できるし，そこで得られた視点は個人セラピーのなかでも役に立つだろう。

5. 長期的には，過去の対人関係を見直し，現在の対人関係を点検していく必要がある。そうすることで，自分のどういう行動が対人関係を阻害し，愛されたい，受け入れてもらいたいという欲求を満たされにくくしているのか，理解しやすくなるだろう。そして，争いの場面で適切に対処できれば，誰もが彼女の父のように懲らしめ，罰を与えてくるわけではないことがわかってくるだろう。

気づきについて

　このクライアントは特定の感情やパターンにはかなり敏感でありながら，それ以外の感情やパターンには気づいていないように思われる。たとえば，物事がうまくいかなかったときに両親から責めを負わされたこと，そして自分から進んでその責任を受け入れていた（おそらく，受け入れようとしすぎていた）ことはわかっている。また，自尊心の低さがこの力動に関係していることにも気づいている。一方，何が本当に自分のせいだったのかというこ

とは，あまり理解していない。自分に関する評価については，自分の意見ではなく，両親の意見を全面的に受け入れてしまう。自分のことがわからず，混乱しているために，人間関係の問題を生じさせているのである。たとえば，他者と親密な関係を築こうとしてうまくいかないと，その責任をすべて自分で背負いこんでしまう。要するに，彼女は自分の対人関係上の問題は両親との問題と関係があるということには気づいているが，何がこのような問題の原因だったのかはわかっていない。セラピストは治療の早い段階で，家族のなかではどのようなことが問題だったのか，彼女自身はそのなかでどのような役割を担ってきたのか，そしてそれが彼女の現在の人間関係にどのような影響を与えているのかを，彼女と一緒に探っていくことができるだろう。

3-4　おわりに

　　自伝的記憶に対して構造化されたアセスメントを行うことは，重要かつ必要である。洞察志向のセラピストの多くは，治療のなかで何年か掛けて同じような査定を行っている。しかし，その方法はあまり体系的なものではない。その結果，治療の早い段階で扱うことができた問題が，何年も手つかずのままにされていることもある。

　　昔からよく使われている投映法（たとえば，ロールシャッハ・テスト）と同じように，EMPもアセスメントバッテリーのなかでは重要な役割を果たす。たとえば，ロールシャッハの反応だけからは生活歴やスキーマといった文脈は見えてこない。しかし，EMPから得られた文脈のなかで解釈をすると，ロールシャッハ反応はより理解しやすくなるだろう。

文　献

Adler, A. (1925) The Practice and Theory of Individual Psychology. London : Kegan Paul.

Bach, G.R. (1952) Some dyadic functions of childhood memories. Journal of Psychology 33 ; 87-98.

Bartlett, F.C. (1932) Remembering : A study in Experimental and Social Psychology. Cambridge : Cambridge University Press.

Bruhn, A.R. (1984) Use of earliest memories as a projective technique. In : P. McReynolds & C.J. Chelume (Eds.) Advances in Psychological Assessment. Vol.6. San Francisco : Jossey-Bass, pp.109-150.

Bruhn, A.R. (1985) Using early memories as a projective technique : The cognitive-perceptual method. Journal of Personality Assessment 49 ; 587-597.

Bruhn, A.R. (1989a) The Early Memories Procedure. Bethesda, MD : Author.

Bruhn, A.R. (1989b) The Early Memories Procedure Manual. Bethesda, MD : Author.

Bruhn, A.R. (1990a) Cognitive-perceptual theory and the projective use of autobiographical memory. Journal of Personality Assessment 55 ; 95-114.

Bruhn, A.R. (1990b) Earliest Childhood Memories : Theory and Application to Clinical Practice. Vol.1. New York : Praeger.

Bruhn, A.R. & Bellow, S.A. (1984) Warrior, general and president : Dwight David Eisenhower and his earliest memories. Journal of Personality Assessment 47 ; 476-482.

Bruhn, A.R. & Bellow, S.A. (1987) The Cognitive-perceptual approach to the interpretation of early memories : The earliest memories of Golda Meir. In : C.A. Spielberger & J.N. Butcher (Eds.) Advances in Personality Assessment. Vol.6. Hillsdale, NJ : Lawrence Erlbaum Associates, pp. 69-87.

Bruhn, A.R. & Davidow, S. (1983) Earliest memories and the dynamics of delinquency. Journal of Personality Assessment 47 ; 476-482.

Bruhn, A.R. & Last, J. (1982) Early memories : Four theoretical perspectives. Journal of Personality Assessment 46 ; 119-127.

Bruhn, A.R. & Schiffman, H. (1982) Invalid assumptions and methodological difficulties in early memory research. Journal of Personality Assessment 46 ; 265-267.

Corsini, R.J. (Ed.) (1984) Encyclopedia of Psychology. Vol.3. New York : Wiley.

Davidow, S. & Bruhn, A.R. (1990) Earliest memories and the dynamics of delinquency : A replication study. Journal of Personality Assessment 54 ; 601-616.

Deutsch, H. (1973) Confrontations with Myself : An Epilogue. New York : Norton.

Eckstein, D.G. (1976) Early recollection changes after counseling : A case study. Journal of Individual Psychology 32 ; 212-223.

Freud, S. (1950) Screen memories. In : J. Strachey (Ed. and Trans.) The Standard Edition of the Complete Works of Sigmund Freud. Vol.3. London : Hogarth, pp.303-322 (Original work published 1899) .

Hedvig, E.B. (1963) Stability of early recollections and thematic apperception stories. Journal of Individual Psychology 19 ; 49-54.

James, W. (1890) The Principles of Psychology. Vol.1. New York : Holt.

Neisser, U. (1982) Memory Observed : Remembering in Natural Contexts. San Francisco : Freeman.

Norman, D.A. (1968) Toward a theory of memory and attention. Psychological Review 75 ; 522-536.

Paige, B.K. (1974) Studies of the content stability of early memories. Unpublished manuscript. Duke University, Department of Psychology.

Pepper, S. (1970) World Hypotheses. Berkley : University of California Press.

Piotrowski, C., Sherry, D. & Keller, W. (1985) Psychodiagnostic test usage : A survey of the Society of Personality Assessment. Journal of Personality Assessment 49 ; 115-119.

Potwin, E.B. (1901) Study of early memories. Psychological Review 8 ; 596-601.

Stotland, E. & Canon, L.K. (1972) Social Psychology : A Cognitive Approach. Philadelphia : Saunders.

Winthrop, H. (1958) Written descriptions of earliest memories : Repeat reliability of other findings. Psychological Reports 4 ; 320.

［著者略歴］

アーノルド・R・ブルーン｜*Arnold R. Bruhn*

40年以上の臨床経験を通じて「EMP（Early Memories Procedure：早期記憶回想法）」と「CP Therapy（Cognitive-Perceptual Therapy：認知知覚療法）」を開発。関連する著書・論文を多数発表しており，実務家の育成にも力を注いでいる。

［日本語版作成者略歴］

中村 紀子｜なかむら のりこ

上智大学大学院博士課程満期退学。臨床心理士。中村心理療法研究室，治療的アセスメント・アジアパシフィックセンター，エクスナー・ジャパン・アソシエイツ（EJA）代表，包括システムによる日本ロールシャッハ学会顧問，国際ロールシャッハ及び投映法学会会長（2014～）。
主要著訳書に『ロールシャッハ・テスト講義Ⅰ──基礎篇』（単著・金剛出版［2010］），『ロールシャッハ・テスト講義Ⅱ──解釈篇』（単著・金剛出版［2016］），ジョン・エクスナー『ロールシャッハ・テスト──包括システムの基礎と解釈の原理』（共訳・金剛出版［2009］），ジョン・エクスナー『ロールシャッハ・テスト ワークブック［第5版］』（共訳・金剛出版［2003］），スティーブン・E・フィン『治療的アセスメントの理論と実践──クライアントの靴を履いて』（共訳・金剛出版［2014］）がある。

西田 泰子｜にしだ やすこ

奈良女子大学文学部教育学科卒業。静岡県中央児童相談所，静岡県東部児童相談所，静岡県発達障害者支援センター，静岡県立吉原林間学園（児童心理治療施設）などに勤務。現在は常葉大学短期大学部保育科。臨床心理士。
主要著書に，『興奮しやすい子どもには愛着とトラウマの問題があるのかも』（共著・遠見書房［2017］）がある。

野田 昌道｜のだ まさみち

東京大学教育学部卒業。神戸家庭裁判所姫路支部，横浜家庭裁判所川崎支部を経て，現在，北海道医療大学心理科学部。臨床心理士。
主要訳書に，ジョン・エクスナー『ロールシャッハの解釈』（共訳・金剛出版［2002］），ロールシャッハ・テスト──包括システムの基礎と解釈の原理』（共訳・金剛出版［2009］），スティーブン・E・フィン『治療的アセスメントの理論と実践──クライアントの靴を履いて』（共訳・金剛出版［2014］）がある。

三輪 知子｜みわ・ともこ

サンフランシスコ州立大学心理学専攻卒業，California School of Professional Psychology・アライアント国際大学東京校にて臨床心理修士号を取得。クリルモッド・トーキョー主宰。

スティーブン・E・フィン｜*Stephen E. Finn*

心理学博士（ミネソタ大学）。治療的アセスメントセンター（テキサス州オースティン）創立，治療的アセスメント・アジアパシフィックセンター，テキサス大学心理学非常勤臨床教授。パーソナリティ・アセスメント協会マーティン・メイマン賞受賞（2003/2011年），ブルーノ・クロッパー賞入賞（2011年）。
主著に，In Our Clients' Shoes : Theory and Thehniques of Therapeutic Assessment（野田昌道・中村紀子＝訳『治療的アセスメントの理論と実践──クライアントの靴を履いて』［金剛出版］）がある。

EMP早期記憶回想法マニュアル

2018年4月25日　印刷
2018年4月30日　発行

著者 ─────────── アーノルド・R・ブルーン
日本語版作成者 ─────── 治療的アセスメント・アジアパシフィックセンター
　　　　　　　　　　　　中村紀子
　　　　　　　　　　　　西田泰子
　　　　　　　　　　　　野田昌道
　　　　　　　　　　　　三輪知子
　　　　　　　　　　　　スティーブン・E・フィン

発行者 ─────────── 立石正信
発行所 ─────────── 株式会社 金剛出版
　　　　　　　　　　　　〒112-0005 東京都文京区水道1-5-16
　　　　　　　　　　　　電話 03-3815-6661　振替 00120-6-34848

装丁◉岩瀬 聡　　カバーイラスト◉小池清香　　本文組版◉石倉康次
印刷・製本◉音羽印刷

ISBN978-4-7724-1627-6 C3011　　©2018 Printed in Japan

治療的アセスメントの理論と実践
クライアントの靴を履いて

［著］＝スティーブン・E・フィン　［監訳］＝野田昌道　中村紀子

●A5判 ●上製 ●368頁 ●定価 **4,500**円＋税
● ISBN978-4-7724-1369-5 C3011

ロールシャッハと MMPI のテストバッテリー，
カップルが共同参加するコンセンサス・ロールシャッハを活用し，
クライアントの個性記述的な意味を発見しながら査定者が治療者となる，
クライアントへの深い共感に裏打ちされたアセスメントの方法論。

ロールシャッハ・テスト
包括システムの基礎と解釈の原理

［著］＝ジョン・E・エクスナー　［監訳］＝野田昌道　中村紀子

●B5判 ●上製 ●776頁 ●定価 **18,000**円＋税
● ISBN978-4-7724-1082-3 C3011

テストの施行法や解釈の原理に加えて
テストの成立過程や基礎研究を網羅した包括システムの最新ガイド。
形態水準表を含めた包括システムの基礎と原理が学べる
ロールシャッハを用いるすべての人の必携書。

ロールシャッハ・テスト 図版

［著］＝ヘルマン・ロールシャッハ

●B5判 ●10枚組 ●定価 **16,000**円＋税

Hermann Rorschach が創造したオリジナル図版を経て，
1921 年に完成した Rorschach®-Test。
「世界共通の刺激」によって立体的に被検者を査定する
スイス直輸入＋ Verlag Hans Huber 公認のロールシャッハ・テスト図版。